なごや
人情交差点

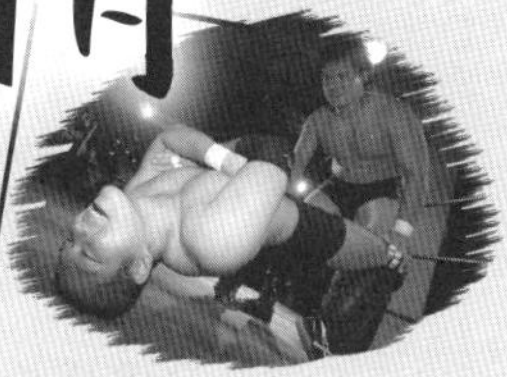

中日新聞社社会部 編

中日新聞社

はじめに

「旅は道連れ、世は情け」。厳しい世間を渡るには一人より、お互い助け合った方が心強いという人生訓です。ネットや人工知能（ＡＩ）など科学技術が万能の現代、何か古くさい諺のように感じられるかもしれませんが、そんなことはありません。

二〇一一年の東日本大震災を思い出してください。国民の多くが東北の気持ちに寄り添い、被災者支援や復旧に汗を流しました。五年後の熊本地震の時もそう。全国各地から市民ボランティアが現地に入り、がれきの除去や炊き出しなどで被災者を勇気づけました。四方を海に囲まれ、昔から津波や台風、地震などの自然災害に襲われることが多い日本。助け合いの精神は歴史の教訓、あるいは生活の知恵として自然と根付いたのでしょう。

美しい棚田が広がる山村では「結い」という言葉が残ります。村人が互いに力を貸し合い、助け合う共同作業を意味します。山地を切り開き、水路を築き、田を広げる。気の遠くなるような力仕事はとても一人ではできませんでした。日本人が「ふるさと」を思い浮かべる田園風景は脈々と続く相互扶助の営みによって守られ、私たちが生きる現代に受け継がれてきました。

ささやかな日常に本当の平和

被災者に寄り添う気持ちも、結いの心も通底するのは他人への思いやり。いうなれば「人情」です。本書は二〇一六年一月から中日新聞の地方版で掲載中の長期連載「人情交差点」を加筆・修正し、まとめたものです。経済至上主義が幅を利かす今の格差社会。閉塞感というより孤独感が漂う世の中だからこそ、人の情けが身に染みます。街角のふれあいや人のぬくもりなど地元・名古屋に眠る市井の人情物語を掘り起こし、伝えたい。それは読者に「世の中捨てたもんじゃない」という生きる勇気を与え、ささやかな日常の中にこそ本当の平和があるのだというメッセージになるのではないか。連載はそんな思いから始めました。

ホルモン焼き屋の女将、歓楽街の交番に勤務する警官ОB、銭湯の店主…。本書で取り上げた人々は小説や映画に出てくるような特別な存在ではありません。それでも私たちの心を打つのはまじめに、そしてひたむきに人生を歩むその姿です。地域を支え、仲間を助ける献身的な心です。「こんな時代だからこそ、作り話ではない実話の人情が貴い。それは心を清らかにさせ、自分も見習わそうとさせる」。居酒屋探訪家でも知られるグラフィックデザイナーの太田和彦さんは連載開始時の寄稿文で、人情の力をこう表現しました。新聞が掘り下げ、報じる価値もここにあります。映画『男はつらいよ』で、寅さんも言っています。「人間はね、理屈なんかじゃ動かねえんだよ」と。

「忘れられない人々」に

人情を通して市井の営みを伝えるのにはもう一つ理由があります。私がまだ駆け出しの地方記者だったころ、地元紙のベテラン記者から「紙面に読者の名前を三回載せろ。おめでたとおくやみで二回、残り一回を探すのが地方紙の仕事だ」と説教されたことがありました。時代を動かすのは一握りの政治家や経済人だけではありません。彼らの背後には同じ空気を吸った無数の庶民の生活があり、意思があります。そうした市井の人々を記録し、歴史として刻むことも今を伝える新聞の重要な役割だと思います。

年齢や性別はもちろん考え方や生き方などで、その人が歩む人生はそれぞれ異なります。十人いれば、十の物語が生まれるでしょう。彼らをトランプ米大統領の言う「忘れられた人々」にするのではなく「忘れられない人々」にしなくてはならない。本書は地元・名古屋で地方紙として生き続ける私たちの覚悟も込められています。

取材、執筆は若い社会部の記者たちが担当しました。彼らは地域やコミュニティに飛び込み、そこで生きる人、集う人々に温かい目を注ぎながら、笑いや時にはホロリとくるような人情味あふれる物語を紡ぎました。彼ら自身も取材を通じ、記者として、人間として成長したような気がします。

本書が読者にとって自分や友人、地域をもう一度振り返り、見つめ直す人生の「交差点」になってくれれば幸いです。なにより、ふるさと・名古屋へのエールになることを願っています。

中日新聞社会部長　寺本 政司

目次

文中にある年齢や肩書、写真は新聞連載時のものです。

第1話

今池・梅田屋

かつて名古屋の副都心といわれ、今も雑多なにおいを残す名古屋市千種区の今池。戦後間もないころ、バラック小屋からスタートし、この地で70年間、行き交う人々の息づかいを見守ってきたホルモン焼き店「梅田屋」。のれんをくぐれば、いつも変わらぬ笑顔で名物オモニ(朝鮮語でお母さん)が出迎えてくれる。

オモニ

にぎやかな通りの角を曲がり、薄暗い路地に入る。軒先には、「今池名物　人情ホルモン」と書かれた青いのれん。玄関をくぐると、大勢の客でごったがえす、にぎやかな店内を赤みそとニンニクの強烈なにおいが包み込んだ。

築六十年を超える古びた建物の一階にある、名古屋市千種区今池のホルモン焼き店「梅田屋」。ジュッ、ジュッ、ジュワー…。鉄板で肉を焼く音が響き、煙がたちこめる。

「栄子さん、今日はコーラじゃないの」「ダイエットしているから、飲まんようにしとるの」客にちゃかされ、おかみの南栄淑《ナムヨンスク》さん（63）が声を上げて笑う。「栄子」は、南さんの通名。南さんを若いころから知る常連客が親しみを込めて呼ぶ。

看板メニューは豚ホルモン。タマネギやニラ、キャベツなどをたっぷりの水と一緒に、鉄板で焼く。味付けは、自家製の赤みそに、にんにくとトウガラシ。沸騰すると、店員が慣れた手つきでコテを操り、ほどよい焼き加減に仕上げてくれる。開店当時から変わらないこの味は、戦前に朝鮮半島から来日した父南東寿《ナムトンス》さん（故人）がつくった。南さんを若いころから知る常連客が親しみを込めて呼ぶ。

時には母のように

東寿さんが妻の朴点伊《パクチョムイ》さんと今池に店を開いたのは、終戦直後の一九四六（昭和二十一）年。今の店の調理場ほどしかない小さなバラック小屋で、どぶろくやイモのつるの料理を出した。まもなく、東寿さんが別の事業を始めたため、梅田屋は朴さんがほとんど一人で仕切るように。無口で、客にこびない。酔って他の客に迷惑をかける客は叱り飛ばし、ときに追い出す。

それでも、国籍を問わず、多くの人に「オモニ、オモニ」と慕われた。客やアルバイトの相談に乗ったり、悩みに静かに耳を傾けたり。飲み残しの瓶ビールを、苦学生に飲ませてやったことも。還暦祝いの時には、歴代の従業員や常連客が文集をつくった。

二〇〇〇年に七十七歳で亡くなった朴さんの葬儀の参列者は、八百人に上った。小学生のころから店を手伝い、朴さんの体調が悪くなって店に立つ日が多くなっていた南さんは、閉店を覚悟した。「私なんかにオモニの代わりが務まるはずない」

そんな南さんに、店を続けるよう勧めたのは、夫の薬剤師鄭大基《チョンテギ》さん（65）だった。「店の歴史を、途絶えさせてはいけない」。客として訪れた梅田屋で南さんと出会い、結婚した。梅田屋は、鄭さんにとっても特別な場所だった。幼かった長女の未玲《ミリョン》さん（35）、長男の栄哲《ヨンチョル》さん（30）の子どもたち二人も「ハルモニ（おばあちゃん）の店を守る」と店に出た。

南さんは、わが子すら叱ったことがない。「人にも自分にも甘いのよ。私はオモニみたいにはなれない」と笑う。

だが、今日も梅田屋のカウンターとテーブルは満席。やみつきになる味だけではない、南さんの明るい笑顔と包容力を求め、若者やサラリーマンが足しげく通う。

亡き母と同じように客の話に耳を傾ける南さん。今では、七十四歳まで店に出た朴さんに追い付くのが目標。「あと十年はがんばらんといかんね」。気付けば、自分が「オモニ」と呼ばれるようになっていた。

64歳になっても

名古屋市千種区今池のホルモン焼き店「梅田屋」のおかみ南栄淑《ナムヨンスク》さん（63）には、三十年ほど前から行きつけの喫茶店がある。店から歩いて三分、一九八〇年にオープンした「ウエストハウス」。今ではほとんど見掛けなくなった、ダイヤル式のピンク電話が、レトロな雰囲気を醸し出す。

マスターの千賀貴親《たかちか》さん（64）は、自動車ディーラーに勤めていた二〇〇二年、突然右目の視界にひび割れが見えるようになった。医師の診断結果は、眼球の組織ががん化する「悪性黒色腫」（メラノーマ）。服飾評論家のピーコさんも患った難しい病気だ。

大病など一度もしたことのなかった千賀さんが受けたショックは大きかった。仕事も手に付かず、勤めていた会社を退職。転移を防ぐため、悩んだ末、眼球を摘出する手術に踏み切った。

「なんで俺ばっかり…」。眼帯をまいた自分の顔を鏡で見て、境遇を呪った。何もやる気が起きない、失意のどん底。義眼の入った右目を見られるのが嫌で、家に引きこもるようになった。

当時、一人でウエストハウスを切り盛りしていた千賀さんの妻、京子さん（62）から状況を聞き、心配して外に連れ出したのが、「根っからのおせっかい」を自認する南さんだった。

しつこく電話をかけ、友人同士で開いていた焼き肉店でのランチ会に誘った。最初は断っていた千賀さんも、「いいから来なさい」と何度も呼ばれるうち、顔を出すようになった。

妻にささげる歌

しばらくして、南さんが「気晴らしに」とミュージカルのチケットを二枚くれた。京子さんと一緒に出向いた劇場で、一人で車いすをこぎ、観劇に来ている人を見掛けた。「くよくよしても仕方がない。障害があっても大丈夫」と勇気が出た。

次第に喫茶店を手伝えるまでに回復。「栄子さん（南さん）が気に掛けてくれたおかげ。命の恩人」。南さんのことを、大げさでなくそう思っている。

千賀さんには、若いころから聴いているビートルズの歌がある。「When I'm Sixty Four」。年老いても自分を必要としてくれるかい、と若者が恋人に投げかけるラブソング。

一五年十一月、その六十四歳になった。あらためて聴き直すと、昔は気にもとめなかった歌詞が心に染みた。「まだ僕を必要としてくれるかな　ご飯をつくってくれるかな　六十四歳になっても」

病気をするまで、京子さんが一人で店に立つことを、当たり前のように受け入れてきた。自分が引きこもっている間も、身を粉にして働き、家計を支えてくれた妻。おかげで苦境を乗り越えられた。

何事もなかったように今日も店を訪れる南

南栄淑さん（左）と店主の千賀貴親さん（右）、京子さんの笑い声が響く喫茶店「ウエストハウス」＝千種区今池で

さんと、たわいない話で笑い合う京子さん。そんな姿を横目で見ながら、千賀さんは感謝の気持ちを新たに、心の中で妻への愛の言葉を歌詞に託す。

「まだ僕を必要としてくれますか。六十四歳になったけど」

〝故郷〟でチーム

「もしかして、朝高のボランチ？」。藤田保健衛生大（愛知県豊明市）の医学生だった五年前、名古屋市千種区今池のバーで飲んでいた外科医の鄭栄哲《ヨンチョル》さん（30）は、近くのテーブルの男性に突然、声を掛けられた。

サッカーに明け暮れたころの記憶がよみがえる。「あんた、東邦の10番？」

男性は、栄哲さんの母、南栄淑《ナムヨンスク》さん（63）が営む今池のホルモン焼き店「梅田屋」の目と鼻の先にある居酒屋「とり鉄今池店」の店長、井上雄太さん（31）。

二〇〇二年の全国高校サッカー選手権大会愛知県予選三回戦で、二人は対戦していた。井上さんは東邦高校（同市名東区）の司令塔。対する栄哲さんは、愛知朝鮮中高級学校（同県豊明市）

の中盤の守備の要。試合は６－１で東邦が勝った。

惨敗を喫した栄哲さんにとっては、苦い思い出。「ぼこぼこにやられた」。東邦の中心にいた井上さんの切れ味鋭いプレーは、忘れようにも頭にこびりついて離れない。だが、同時に懐かしさも。勉強もほどほどに青春を捧げたサッカーへの思いがこみ上げた。

栄哲さんのサッカーの試合を応援するのが趣味だった南さん。この日を機に井上さんを誘い、梅田屋や地元の飲食店、接骨院などからメンバーをすぐに集めてしまった。間もなくして、サッカーチーム「梅田屋ＦＣ」が立ち上がった。高校時代は敵同士だった二人が、今度は同じチームのメンバーとして、仲を深めた。

サッカーがつなぐ縁

チームは一四年十一月、瀬戸市で開かれた「ソサイチ」と呼ばれる八人制の草サッカー大会に出場。「栄子さん（南さん）を胴上げしよう」を合言葉に、破竹の勢いで勝ち進んだ。二人の正確なパスが、チームを支えた。南さんも、応援に出向いた時は全員に特製の弁当を差し入れ、盛り立てた。

栄哲さんは、東京での仕事の都合で大会途中でチームを離脱。それでも井上さんが、決勝でＰＫ戦に持ち込む同点ゴールを決め、見事優勝を果たした。試合後、メンバーたちの手で南さんが宙に舞った。「栄子さん、重いよ」。どこからともなく声が上がると、どっと笑いが起きた。

底冷えする一五年の年の瀬、梅田屋からほど近い今池公園に、梅田屋ＦＣの赤いユニホームを着た男たちが集まった。栄哲さんの帰省に合わせてメンバーが集まり、久々にボールを蹴り合った。無心にボールを追う井上さんと栄哲さん。運動不足で、高校時代に対戦した時のように体は動かないが、チームの主力として、巧みなボールさばきは健在。仲間とサッカーに興じている間は、無心になれる。

実は井上さんは、一六年一月に新規オープンする市内の別の系列店に異動することが決まっていた。店長として八年間を過ごしたとり鉄今池店を離れることになり、年末には、チームのメンバーが盛大な送別会を開いてくれた。

二十代の大部分を過ごした今池。サッカーが

サッカーの練習をする井上雄太さん（手前左）と鄭栄哲さん（同右）。高校生の時にはサッカーでライバル同士だった＝千種区の今池公園で

つないでくれた栄哲さんたちとの縁。「今池が第二の故郷になりました」。井上さんも栄哲さんも、〝故郷〟を離れても、梅田屋FCの一員であることに変わりはない。

LOVE今池

店の客からは「オモニ」や「栄子さん」などと呼ばれることが多い、名古屋市千種区今池のホルモン焼き店「梅田屋」のおかみ南栄淑《ナムヨンスク》さん（63）。だが地元では、「お姉さん」と呼ぶ人も少なくない。

梅田屋から歩いて一分、老舗のギョーザ専門店「百老亭今池店」の三代目、鈴木勝規さん（44）もその一人。どれだけ年を取っても、「お姉さん」「かっちゃん」の関係だ。

鈴木さんは、南さんが三十年ほど前に立ち上げた「今池子ども会」の初期メンバーの一人。近所の子どもたちが集まり、今池公園でソフトボールの練習をした。夏祭りなどのイベントでは、決まって近くの店で待ち合わせ、ドーナツを食べた。時には一人で一個。別の日は四人で一個。お金の出どころなど考えたこともなかったが、大人になってふと思い出し、南さんに尋ねた。「もちろん私」。ポケットマネーで食べさせてくれていたことを知った。

プロ野球中日ドラゴンズのファンが集うことで知られる中国料理店「ピカイチ」のおかみ兵頭勝子さん（76）は、三人の子ども全員が子ども会に入り、「うちの子はみんなお姉さんに育ててもらったようなもの」と振り返る。

一九七八（昭和五十三）年の地元学区の運動会。翌年に結婚を控えた南さんを祝福しようと、子ども会メンバーを中心に一致団結し、優勝をプレゼントした。もともと小学校の先生になるのが夢だった南さん。「自分の教え子みたいに、かわいかった」

子どもだけではない。もともと「根っからのおせっかい」の性格も手伝ってか、元気な若者を見ると、誰でも応援してしまう。初めて今池に進出する飲食店の若手も。最近はイタリア料理の「パパ」がよく足を運ぶ店の一つだ。パスタやピザ、飲み物もすべて五百円（税別）という手軽さも手伝って、梅田屋の客に二次会用として紹介したり、店のアルバイトを連れて食べに行ったり。

愛知県蟹江町出身で、東京で一時はお笑い芸人を目指した加藤達人さん（27）がコンビを解消し、二〇一五年八月にオープンした。一三年三月に脳の病気のため、五十五歳で亡くなった父、保好《やすよし》さんへの思いを店名に込めて日々、奮闘。今池を足掛かりに、別の店舗を新規出店する夢を描いている。

よそ者も包む温かさ

開店からまだ半年足らずだが、応援してくれるのは、南さんだけではない。店が終わるころになると、近くの居酒屋の店主らが飲みに誘ってくれて、商店街の知り合いがどんどん増えた。今池に出店したのは、条件のいい物件を見つけただけで、たまたま。正直、最初は口うるさい客などに、今池での出店を後悔したこともあった。良くも悪くも、三大都市の一角に、これだけ地域のつながりが濃い場所があるとは思いもよらなかった。

一五年末、南さんから突然、「今池をアピールするから来て」と周囲の店の人たちに声が掛かった。飲食店が立ち並ぶ「スズラン通り」に、老舗店の鈴木さんも兵頭さんも、新顔の加藤さんも駆け付けた。

「I LOVE 今池」の文字を手渡されて写真に納まる人たち。「(こんろの)火付けっぱなしなんだ。早くしてよ」。誰からともなく声が上がると、どっと笑いが起きた。

「顔が見える付き合いが、今は心地いい」と加藤さん。昔ながらの歓楽街のイメージが残る街。それでも、梅田屋のような老舗だけでなく、南さんが「ニューカマー」と呼ぶ加藤さんのような若者たちが引き付けられるのは、よそ者を受け入れるおおらかさが、きっと息づいているから。

◀スズラン通りに店を構える人たちは今池が大好き＝千種区今池で

スズラン通
今池西南商店街
チン
ダイシン
250円 立ち飲み
なかむら 参
オセキ時計店
I LOVE
今池

女性アルバイト

一九四六（昭和二十一）年に創業した名古屋市千種区今池のホルモン焼き店「梅田屋」の七十年の歴史の中で、女性のアルバイトが誕生したのは、わずか二年前。先代のオモニ、朴点伊《パクチョムイ》さんが、重い鉄板を運ぶ重労働を女性にさせまいと、雇い入れる従業員は全員男性で占められてきた。

朴さんが病気で倒れる九七年までは午前三、四時ごろまでの営業。日付をまたぐと、水商売の女性たちが次々とのれんをくぐった。営業を終えた近くの飲食店の人たちや暴力団員風の人が来ることもままあり、朴さんは女性に接客させることを、最後まで認めなかった。

「梅田屋」でアルバイトする姜瑛希さん＝千種区今池で

そこで重用されたのが、男子学生。大学時代にアルバイトをしていたある男性は「新しい出会い、人生観を育てる場」だったと八三年、朴さんの還暦祝いに寄せた文集で振り返っている。今もたくさんの若者が、店を支えている。

「女人禁制」の歴史を打ち破って二〇一四年四月、初の女性アルバイトとして採用されたのが、椙山女学園大大学院一年の姜瑛希《カンヨンヒ》さん（24）だ。神戸市生まれの在日三世。京都から名古屋の大学に編入する際、二代目オモニの南栄淑《ナムヨンスク》さん（63）と知り合いだった父親のつてで、「働きたい」と頼み込んだ。

名古屋に来たばかりのころ、父親と何度か店を訪れ、「何でも受け入れてくれそう」な南さんと、にぎやかな店の雰囲気が気に入った。もちろん、料理の味も。「女性初」と聞いた時、何かに挑戦するようでわくわくした。

「私は押されると弱いのよね」。朴さんのころからの決まりをかたくなに守ってきた南さんも、ついに首を縦に振った。

祖国の名　誇り持って

在日の人たちは、本名以外に通名を持っている場合が多い。中には、差別を恐れて在日であることをずっと隠し通すため、生涯にわたって通名を名乗り続ける人も。姜さんは、家族の影響もあり、昔からずっと本名で通してきた。今では、子どものころから本名を名乗り続けさせてくれた両親に感謝している。朝鮮人としての自分に誇りを持っているから。

客からぶしつけに聞かれることも少なくない。「お姉さん、在日なの?」。そういう時は、いつも自信を持って「朝鮮人です」と答える。「韓国?・北朝鮮?」。幾度となく聞き返されても、答えは同じ。かつては一つだった祖国への思い。名前は、自らのルーツを確認する大切な手段なのだ。

アルバイトを始めて一年九カ月、ぎこちなかった包丁さばきも板に付いてきた。従業員たちが「焼き」と呼ぶ看板メニューの豚ホルモンも難なく仕上げる。「レシピはあるけど、つくる人によって味が変わるんです」。梅田屋らしいあいまいさが心地いい。後から入ってきた女性アルバイトも立派に指導。からんでくる酔客への対応も慣れたもの。今では、「店長(南さん)の子どもみたいなもんですね」と自認するほどのベテランになった。

将来の夢は、「人の悩みに寄り添える」臨床心理士になること。年齢も性別も、バックグラウンドもさまざまな客が集うこの店で働いた経験が、必ず生きる。

記者の一言

記事になるまでに、何回店を訪ねただろう。どれだけ遅い時間に顔を出しても、いくら細かい質問をしても、嫌な顔一つされなかった。「梅田屋のこと、良く書いてもらわないといけないからね」。いたずらっぽく笑う笑顔が、印象に残っている。

この五回の連載を曲がりなりにも書き終えることができたのは、ひとえに「栄子さん」こと梅田屋のおかみ、南栄淑《ナムヨンスク》さんのおかげである。記者人生を振り返ってみても、今どきここまで取材に協力してくれる人は、そういない。いくら自分の店のこととはいえ、「忙しいから」などと途中で断られたり、迷惑がられたりするのがオチだ。

客席の一画で、ときにはカウンターで、夫の鄭大基《チョンテギ》さんも交えて尽きることのない話を聞かせてくれた。今池についてのない記者のために、取材相手をみんな紹介してくれた。中華料理店であった地元の在日の人たちの集まりにも、連れて行ってくれた。どれだけ温かい人なのだろう。まさに「人情の人」である。

（市川 泰之）

街角トピック

今池は、住宅街が広がる名古屋市千種区の中でも、古くからの繁華街として、独特の存在感を放つ。商店街を歩けば、昔ながらの居酒屋や若者が集まるしゃれたバーなどが点在。台湾ラーメンの元祖とされる「味仙」の本店があるなど大衆グルメも熱い。映画館のほかライブハウス、パチンコ店もあり、娯楽の街としての顔も併せ持つ、名古屋のサブカルチャーの発信地だ。夜の盛り場のイメージは今なお色濃く残す。仕事帰りのサラリーマンら多くの大人たちが、一日の疲れを癒やしに足繁く通う。

地名の由来は、かつて実際に存在したという「馬池」。名古屋市計画局が発行した「なごやの町名」（1992年）などによると、江戸時代、現在の今池中学校の辺りに、人や物資を運ぶ「名古屋伝馬所」の伝馬を水浴びさせる「馬池」という池があった。大きさはは東西百80メートル、南北100メートルにもなったという。これが農業用のため池として「今池」と呼ばれるようになった。

今池は1921（大正10）年に耕地整理事業によって埋め立てられ、その後は草競馬が開催されたことも。広小路通りと市道名古屋環状線が交わる今池交差点には、地名の由来となった馬のモニュメントが立っている。

第2話

円頓寺・西アサヒ

老舗の飲食店や生活雑貨店などが両脇に軒を連ね、昭和の薫りが漂う名古屋西区の下町・円頓寺《えんどうじ》商店街。「人情交差点」第2話は、この地で創業80年余の歴史に幕を閉じた喫茶店を改築し、民宿と食堂として新たな道を歩み出した「西アサヒ」が舞台。新しいけど、どこか懐かしい―。下町情緒あふれる大都市の一角で、国籍や年齢を超えた人々が日常に織りなす人生ドラマを見つめる。

新年の旅行者

大きく背伸びの運動。いち、に、さん。

年明け間もない円頓寺商店街（名古屋市西区）の朝。通勤客らが白い息を吐きながら通りを行き交う。そんな中、軽快なラジオ体操の音楽がアーケード内に流れ始めると、英語の甲高い声が上がった。

「この体操知ってるっ」「学校で日本人の先生に習ったやつ」

声の主は、オーストラリア人のサイモン・ディーンさん（44）、ルイスさん（47）夫妻の娘たち。ハートネルさん（11）、ジェネベアさん（9つ）、ミエッタさん（7つ）の三姉妹。地元のおじさんやおばさん、工事現場のお兄さんに交じって五人が体操をし始めると、周りに笑顔が広がった。ディーンさん、ルイスさんも、はしゃぐ子どもたちの姿に穏やかな表情を浮かべながら、見よう見まねで体を動かした。

ディーンさん一家は、戦前から続いた商店街の老舗喫茶店「西アサヒ」の後を継ぎ、二〇一五年四月に開業した民宿兼食堂「西アサヒ」に新年、初めて訪れた宿泊客だった。今回の日本旅行の目的は、かつてシドニーの自宅に迎えた日本人交換留学生との再会と観光。三週間の滞在中、東海や関東などの地方都市を周遊しながら、今の日本の姿を見て回った。

特にディーンさんはトヨタ自動車のスポーツ用多目的車「ランドクルーザー」を母国で所有するほど大の日本ファン。一度、生産工場を見てみたいと、愛知県を訪れた。滞在先の名古屋では、インターネットで見た「畳の部屋と置物の甲冑《かっちゅう》」の美しさに魅せられ、西アサヒの和室に三連泊した。

下町に国際交流の風

「国、どこ?」

商店街を歩いていたディーンさん一家に突然、片言の英語で声を掛けたのは、西アサヒのはす向かいで明治創業の生活雑貨店「松川屋」を営む斉木弘さん(75)。実は五年前、「健康のために」とラジオ体操を流すよう商店街振興組合に頼み込んだ張本人だ。

斉木さんは、二十五年ほど前から英語の商店街マップを自作し、英語の商品説明も取り入れている〝国際派〟。ディーンさんらが「オーストラリア!」と声をそろえると、すかさず「有名な動物はコアラだ」と返し、笑いを誘った。

茶道具なども並ぶ店内で、「外国の人に日本人が大切にした文化を知ってほしいから」と斉木さん。新しい西アサヒができてから、円頓寺商店街を歩く外国人の姿が増えたと感じる。近

円頓寺商店街でラジオ体操をするディーンさん一家＝西区那古野で

年は、日本の伝統的な茶器や剣玉などの郷土玩具がアジアや欧米諸国の旅行者らから特に人気。一つ売れる度、「日本の文化が世界に認められている」という喜びを実感する日々だ。「でも、まさか一緒にラジオ体操までやることになるなんて」と目尻にしわを寄せた。

西アサヒの二階にある民宿の共有スペース。「ノリ！　オイシイ！」。夜、刻みのりをおやつ代わりにつまみながら、折り紙や紙風船などの日本文化を、従業員や日本人宿泊客と楽しむ三姉妹の姿があった。母親のルイスさんは、そんなまな娘たちに優しく語りかけた。

「地元の人や生活に触れられたのが一番の思い出。ここに泊まらなければ、絶対にできない経験だったわね」

再生

二〇一五年末、円頓寺商店街（西区）に、「まーちゃん」の訃報が伝えられた。老舗喫茶店「西アサヒ」のオーナーだった加藤順弘《まさひろ》さん、享年七十五。店は一三年夏、加藤さんが体調を崩して八十年余の歴史に幕を閉じていたが、多くの人がその死を悼んだ。

「西アサヒ」は一九三二（昭和七）年の開業以来、客足の絶えない名店だった。常連のお年寄りがコーヒーを片手に新聞を読んだり、背広姿の男性がたばこをくゆらせたり。買い物に出掛けた主婦同士が集まり、ご近所話に花を咲かせる憩いの場でもあった。毎年七月の大相撲名古屋場所のころには、名だたる関取たちの姿も見られた。

空き店舗になっていた西アサヒを、民宿兼食堂として生まれ変わらせたのが、旅行会社「ツーリズムデザイナーズ」代表の田尾大介さん（38）。外国から日本を訪れる旅行客に観光地巡りや文化体験をしてもらう「インバウンド」商品の開発や販売、観光ガイドの事業を手掛ける。

山口県に生まれ、旅行好きの家族のもとに育った。大学卒業後、JR西日本に就職。入社三年目で、グループ企業の旅行会社に転籍した。インバウンドとの初めての出会いは、国内外の専門家二千人が集う学会で、出席者や家族の滞在と旅行の手配を担った時。外国の人たちが、

西アサヒの前で笑顔を見せる田尾大介さん。後方の看板「NISHIASAHI」は喫茶店時代から受け継がれたもの＝西区那古野で

見たものすべてを新鮮にとらえ、日本を楽しむ様子に、やりがいを見いだした。一方で、語学力の必要性を痛感した。

人が集う場　役割継ぐ

上司の反対を押し切り、六年で退社。自分の能力を高めようと、留学先の米国の大学や日本の大学院で経営を学び、ＭＢＡ（経営学修士）を取得した。その中で、外国人の日本旅行を増やしたいという思いがさらに募り、三十五歳で会社を立ち上げた。

名古屋を拠点に選んだのは、妻の出身地が三重県だったこともあるが、「大都市なのに都会と田舎が交じっている」ところにひかれたから。東京を除き、横浜市、大阪市に次ぐ全国第三位の人口を抱える大都市でありながら、田舎独特の人づきあいが色濃く残っている土地柄におもしろさを感じ、「大観光地ではないからこそ、日本の生活や文化をよく知ってもらえる」と考えた。

「西アサヒ」の物件は、若手の商店主らが中心となり、円頓寺商店街の空き店舗対策をしている「ナゴノダナバンク」代表の市原正人さん（54）に紹介されたのがきっかけ。中部地方の玄関口である名古屋駅から徒歩二十分ほどと近く、名古屋城の城下町として栄えた土蔵造りの古い町並みが広がる「四間道」や名古屋城などの観光資源も魅力的に感じた。古くから地域に愛された西アサヒの歴史にもほれ込み、起業から二年目で大きな挑戦だったが、四月の開業にこぎつけた。

直後、田尾さんは、「まーちゃん」を入院先の病院に訪ねた。無事にオープンしたことを報告すると、「うれしい」と涙を流して喜んでくれた。まーちゃんは二〇一五年七月には、息子に押された車いすで新しい西アサヒも訪れている。言葉も不自由だったが、息子の「来られて良かったね」という言葉に、涙を流してうなずいた。

「本当に皆さんから愛されたお店。地域の人が集う場としての役割を引き継ぎ、さらに多くの人に来てもらい、商店街全体を活気づかせたい」。オープン二年目の新たな春が訪れるのを前に、田尾さんはより一層の決意を固めている。

クマちゃん、カンちゃん

「カンちゃん、シーツ外して洗濯に。掃除機もしっかりね」「ヘイ、ボスっ」

客がチェックアウトした午前十一時すぎ。円頓寺商店街(西区)の民宿兼食堂「西アサヒ」

の二階で、おかみの伊熊志保さん（31）の指示に、ニュージーランド出身のカンデラ・ウィリンス・マティアスさん（26）が日本語で応じる。

民宿担当として住み込みで働く二人は、互いを「カンちゃん」「クマちゃん」と呼び合う仲だ。民宿の定員は十五人。カプセルホテル形式のベッドが並ぶ相部屋二部屋と、最大五人が泊まれる和室一部屋。土、日曜日には満室になることもある宿の二段のベッドを、掃除機片手に上ったり下ったり。伊熊さんは「体育会系の私でも、清掃後はいつも手がしびれて膝が笑い始める」と笑う。

豊川市出身の伊熊さんは幼いころ、夏休みによく家族でペンションに泊まった。民宿を舞台にしたテレビドラマの影響もあり、中高生のころ、おかみにあこがれた。

スポーツ用品店に勤めていた二十代前半、偶然みてもらった占い師に「前世は民宿のおじいちゃ

おかみの伊熊志保さん（右上）と一緒にベッドの掃除をするカンデラさん。
2人とも2階の民宿で住み込みで働く＝西区那古野の「西アサヒ」で

ん。もうあなたは宿をやる道に入っている」と断言された。忘れかけていた夢。冗談半分で受け止めた。だが八年後、名古屋のまちづくりNPOで働いていたとき、「西アサヒ」オーナーの田尾大介さん(38)に誘われた。「民宿をやるけど働かない?」

開業と同時におかみになり、三カ月たったある日。西アサヒに一週間の予定で泊まっていたカンデラさんにチェックアウト二日前の夜、洗面台で突然、告白された。

異国の宿 結んだ友情

「実は住む場所がない。お金もこれ以上ない。どうしよう」

聞けば、カンデラさんは母国で、県内の英会話教室の面接をテレビ電話で受け、講師として採用される予定で来日した。だが会社に行くと、「あなたのアクセントには問題がある」。採用を断られ、ほぼ無一文の状態で放り出された。

驚いた伊熊さんたちだったが、ちょうど掃除を手伝う従業員が辞めたばかりだったため田尾さんが特別に居候を認めた。カンデラさんは、相部屋で一泊三千二百四十円の宿泊代として一日三、四時間働くことになった。

「少しでも自分のできることで恩返しできたら」。カンデラさんが英会話を勉強中の伊熊さんに変わり、宿泊者の外国人とのコミュニケーションを買って出ることも。全てを西アサヒに甘えていてはだめだと、英会話講師として別会社でも働き、生計を立てている。

「異国の地でホームレスの状態から救ってくれたのが西アサヒ。特に、いろいろ教えてくれたＹｏｕのおかげ」と伊熊さんを見やるカンデラさん。「また、口がうまいんだから」。すぐに伊熊さんの突っ込みが飛んだ。

家族とも、普通の友達とも違う、半年以上も一つ屋根の下で暮らす不思議な関係。ただ、カンデラさんが働きながら滞在できるワーキングホリデーの期限が三月に迫り、二人でここに住むのも残り一カ月。

「寂しくなるね」。伊熊さんが表情をうかがうと、カンデラさんは「Ｙｏｕに会えなくなるからね」。おどけた表情で答えながら、横を向いた。

たまごサンド

ふわふわの分厚い卵焼き。黄、白、緑の鮮やかな色彩が食欲を誘う。かみしめれば、卵とバターの香りが口いっぱいに広がる。マヨネーズで味つけされたしゃきしゃきのキュウリの食感も、絶妙だ。

一九三二（昭和七）年創業の老舗喫茶店「西アサヒ」の名物だった「たまごサンド」。歴代のシェフや初代店主の加藤きぬゑさん、次男で昨年末に亡くなった二代目の「まーちゃん」こと加藤順弘さんが作り、二〇一三年の閉店とともに姿を消した。

その味を懐かしむファンたちの声に応え、民宿兼食堂の「西アサヒ」は、一五年四月の開業と同時に、たまごサンドを復活させた。今も昔も店の看板メニューとして、県内外から訪れるお客さんに愛され続けている。

同店のはす向かいで菓子店「えびすや」を営む増田貞子さん（85）は、昔の味を知る一人。今に至っても使われているサンドのパンの仕入れ先を西アサヒに紹介したのは、夫の富造さん（故人）だ。

貞子さんは十年ほど前、当時の西アサヒのシェフに作り方を尋ねたことがある。「一人前に卵三個とたっぷりの本バターが秘訣《ひけつ》」と、専用の四角いフライパンで、卵を焼き上げてくれた。

あのたまごサンドを作れる人は、もういない。貞子さんは、西アサヒの現オーナー田尾大介さん（38）に復活への協力を頼まれ、試食会に参加した。

「バターがもっと利いていた」「キュウリにもっと塩気があったんじゃない？」。試食会では、貞子さんらから、記憶をもとにさまざまな意見が寄せられた。それらを参考に、新しいシェフらが試行錯誤を重ね、たまごサンドは復活した。

貞子さんは新しい西アサヒのカウンターに腰掛け、厨房から運ばれてきたできたてのたまごサンドを手に、時の流れに思いをはせる。

甦る青春の味

戦後、焼け野原にバラックが立ち並ぶ商店街で、真っ先に店を構えた西アサヒ。次いでえびすやが店を設けた。二十二歳で富造さんと結婚した日、貞子さんは着物姿で西アサヒの店内を回ると、店全体が一瞬にしてお祝いムードに。近所の友人だけでなく、初めて会ったお客さんも「おめでとう」と拍手で祝ってくれて、うれしかった。「私にとって、西アサヒは青春の場所」と優しくほほえむ。

西アサヒの並びで十五年ほど前までおもちゃ店を営んでいた櫛田昌弘さん（76）＝西区＝は今も、月に一度はコーヒーとたまごサンドを味わうために通う。

妻の洋子さん（73）は、たまごサンドを作っていた「まーちゃん」に、商売の悩みを打ち明けたことも。「右の道でうまくいかなきゃ、左の道に行けばいい」と励まされ、勇気をもらった。

名物のタマゴサンドを手に「厚くて口に入らない」と笑う増田貞子さん＝西区那古野の西アサヒで

「まーちゃんの人柄のように優しい味でした」

ただ、新しい西アサヒには、現在のシェフが腕をふるうスパイスやハーブを利かせた本格カレー、エスニック料理もある。その味で、若い女性やサラリーマンら新たな客層も獲得しつつある。看板メニューのコーヒーも地元の焙煎工房と開発したオリジナルブレンドを提供。かつての西アサヒで出されていた深いコクの煮出しコーヒーをモチーフにした確かな味で、人気を集めている。

さらに、名古屋城を拠点に活動する観光PR隊「名古屋おもてなし武将隊」の〝徳川家康〟と、名古屋名物の手羽先の独自メニューも考案している真っ最中。たまごサンドに続く西アサヒ名物が生まれる日も、近そうだ。

インバウンド

カシャ、カシャ。清須市の清洲城にある芸能文化館。戦国武将さながらの甲冑《かっちゅう》を身に着けた自分たちの姿を、携帯電話のカメラで撮影する男女三人組がいた。

「ワァオ、サムライ」「カッコイイね」

はしゃいでいるように見えても、遊びに来たわけではない。三人は、西区那古野の民宿兼食堂「西アサヒ」を運営する旅行会社「ツーリズムデザイナーズ」社員の寺尾真裕子さん（33）と同僚でカナダ出身のジェニア・ブルクさん（28）、ワーキングホリデーで来日して一カ月以上も西アサヒに滞在しているオーストラリア人のフレイザー・マクームさん（23）。

この日は、訪日外国人向けのツアーを開発するための視察。「どうだった？」と寺尾さんが感想を求めると、マクームさんは「サムライになれた。来る価値は絶対ある」と親指を立てた。

ツーリズムデザイナーズが大切にするのは、現地で得られる「生の情報」だ。「甲冑や刀剣のコレクションを見ながら食事できる店があるらしい」。この日も、芸能文化館の職員の話をもとに、一行は早速、同市内の喫茶店「NOA《ノア》」へ足を運んだ。

店主と交流し、さっそく実際に刀剣を握らせてもらうことになった。ずっしりと両手に伝わる刀の重さに驚き、興奮するマクームさんら。そんな姿を横目に見た寺尾さんが「これは海外の旅行者にとって絶対に刺激的な体験。ツアーに組み込めるかもしれない」と手応えを口にした。

寺尾さんらが注目するのは近年、円安やビザ発給要件の緩和の影響で増えているインバウンド（訪日外国人観光）。日本政府観光局によると、二〇一五年の訪日外国人数は千九百七十三万人と、前年比47％の伸びだった。

自分たちが楽しいと思わなければ、旅行者も楽しめない。名古屋城や栄を巡ったり、茶道や着付けを体験したりと、自らの足でつくってきたツアーは百五十種類。そんな時に協力をあおぐのが、マクームさんのような宿泊客だ。

「言い方は変ですが、二階の民宿はラボ（実験室）でもある」と寺尾さん。外国人の生の声を聞くため、宿泊客にツアーを無料で体験してもらい、率直な反応を見る。

視察に訪れた清洲城で、甲冑を着て写真を撮る（左から）ジェニア・ブルクさん、寺尾真裕子さん、フレイザー・マクームさん＝清洲市で

故郷の魅力　世界に発信

寺尾さんは非政府組織（NGO）の職員として、東日本大震災の被災地や発展途上国の支援に当たった。二カ月前までは、外国人の団体旅行客を東京－大阪間で案内する旅行会社のツアーガイドだった。趣味のヨットでは、太平洋やオーストラリアなど世界各地を巡る航海をしてきた。

その中で、「生まれ育った地元の名古屋を、人生経験に基づいた自分の言葉で案内したい」と思うように。会社ができて三年足らずだが、西アサヒを拠点に先進的にインバウンドに取り組むツーリズムデザイナーズの代表、田尾大介さん(38)に連絡を取った。豊かな経験や語学力、バイタリティーを買われ、一五年十二月にチームに加わった。

二〇年には東京五輪も控え、国は三〇年までに訪日外国人数を三千万人にする目標を掲げる。名古屋で最も古い商店街の一つ、円頓寺商店街。この場所で、八十年余の歴史を数えた老舗喫茶店が形を変え、名古屋のインバウンド業界の最先端を走る。

西アサヒで開く会社のミーティング。田尾さんがスタッフを前によく口にする言葉を、寺尾さんはいつも心の片隅に置いている。

「まだ始まったばっかりだけどさ、いつか世界一の旅行会社にしたいよね」

記者の一言

大学時代、エスプレッソに興味を持ち、本場イタリアを旅した。その濃厚な味とともに、いまだ忘れられないのは、宿泊先のゲストハウスでの思い出だ。国籍、年齢、文化の違う異国の旅人たちと過ごした夜。ワインを片手に夢を語り合ったり、翌日の観光をともにしたり――。そこでしかできない生の国際交流を存分に楽しんだ。第二話の舞台となった「西アサヒ」もそんな場所。取材で宿泊した夜も、海外旅行者や日本の旅人らと語らい、互いの人生を共有し合ううちに、あっという間に夜が更けていった。

さぁ、こよいも西アサヒでは人と人との新たな出会いが生まれていることだろう。皆さんも名古屋の下町に広がる国際交流を気軽に楽しんでみては。

（奥村 圭吾）

街角トピック

名古屋市西区の長久山圓頓寺《えんどんじ》の門前町として庶民から親しまれてきた同市内で最も古い商店街の一つ。昭和の風情を残す商店が軒を連ね、名古屋駅と名古屋城の中間地点に位置することから、多くの外国人旅行者らも訪れる。

江戸時代初期、清洲から名古屋へ武家、社寺、町家などが総移転した「清洲越し」をきっかけに城下町が造られ、18世紀中ごろから同市西部の中心地として栄えた。商店街近くの美濃路や四間道には、1945年の名古屋大空襲で戦火をまぬがれた町家や蔵が残り、往時の面影を伝えている。

1957年に円頓寺商店街協同組合として法人化され、六年後に円頓寺商店街振興組合に組織改編された。2009年には、若手の商店主らが商店街の空き屋対策に取り組む「ナゴノダナバンク」を結成。家主と借主のマッチングや新規店舗の立案を行うなど、地域の活性化にも町ぐるみで取り組む。

2015年にはアーケードの全面改修を終え、フランス・パリの商店街「パッサージュ・デ・パノラマ」と姉妹提携を結んだ。フランスの文化や芸術を紹介する「円頓寺秋のパリ祭」や、夏の「円頓寺七夕まつり」には、県内外から多くの観光客が訪れる。

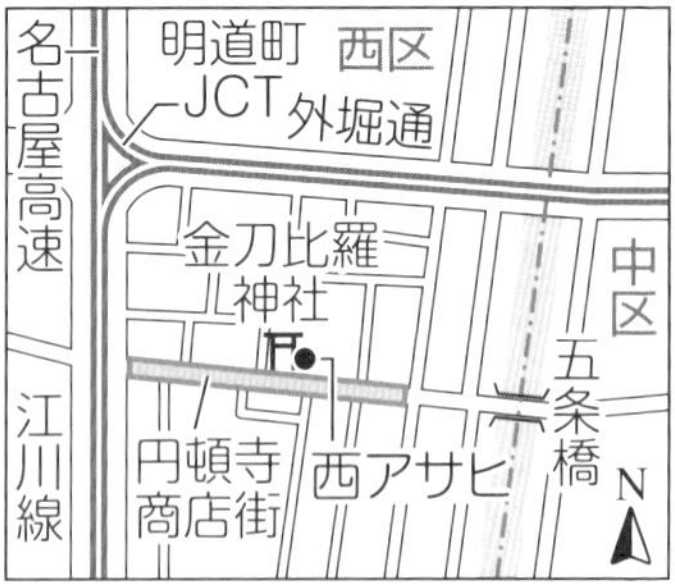

第3話

栄・池田公園

古めかしい雑居ビルが立ち並び、さまざまな国旗やネオンが夜を彩る名古屋市中区栄の通称「女子大小路」。その名の通り、かつてこの地には大学があった。日本の高度経済成長とともに歓楽街へと変貌した街でも、きょうも人の営みは続いている。地区のシンボルともされる池田公園から、国籍や立場を超えて絡み合う人の性《さが》、そこに浮かび上がるドラマに目を向ける。

異国のお隣さん

回収を待つごみ袋に、カラスが群がる。名古屋市中区栄の通称・女子大小路、朝の六時すぎ。まだ暗い池田公園の周りに、客引きらしき男たちがうろつく。

夜のにぎわいが残る街に、男性と犬が繰り出した。公園のすぐ近くに住む田端龍《のぼる》さん（63）と雄のプードル、九歳のダイちゃん。

「ダイちゃーん、オハヨー」

しゃがみ込む外国人男性に頭をなでられ、しっぽが右へ、左へ。おとなしい愛犬の代わりに、田端さんが「おはよう」と笑顔で返す。「知らない人は外国人を怖がるけど、いつも顔を合わせてるから」

自身のビルで「クリーニング・サンシャイン」を営む田端さんにとって、女子大小路はふるさとだ。三重県から家族で移った六十年ほど前、辺りは住宅街だった。通称名の由来になったともされる中京女子短大（現至学館大）があった。雑居ビルができだしたのが中学生のころ。真新しいネオンの明かりを頼りに、父親とキャッチボールをしたのを覚えている。その父親からクリーニング店を継いだ一九九〇年代、街はすっかり歓楽街に様変わりしていた。

まだバブルの熱が残っていた当時、一目で水商売と分かる着物やカジノ店らしき制服まで、大量に持ち込まれた。客の七割が外国人。中でも多かったのが、辺りにひしめくパブで働くフィリピン人女性だった。

ある時、ドレスのクリーニングを注文した女性が、くたびれたノートを持っているのに気付いた。開いて見せてもらうと、母語のタガログ語とローマ字表記の日本語の対訳がびっしりと書き込まれていた。先に帰国した先輩の女性から受け継いだ、と聞いた。

「勉強熱心なんだよ。仲間思いで、優しいし」

様変わりの街　日常に

散歩から戻ると、客引きたちの姿は消えていた。「お帰りー」と出迎えたのが、田端さんのビルの一階にあるフィリピン食材店「ＬＡＰＵ－ＬＡＰＵ」の女性店主、水島マルビックさん(45)。

二〇一六年二月、店の経営者だった夫真彦さん＝享年五十九歳＝が病死した。田端さんも葬儀に参列した。キリスト教徒が多いフィリピン人の姿は式場には見当たらなかったが、のちに仲間うちで集められたカンパが届けられた。

真彦さんとマルビックさんの出会いは二十五年前。真彦さんは、パブの客だった。帰国したマルビックさんを追って、フィリピンまで会いに来た。結婚して、十年ほど前に開いたのが今の店だ。

真彦さんは、もともと食品会社に勤めていたサラリーマンだった。ひと回り以上離れた年齢を気にしてか、商品の仕入れや店のやりくりを丁寧に教えてくれた。「おれが先にいなくなったら、困るだろうから」

マルビックさんは葬儀の後、すぐに店を再開した。「残してくれた店だから」。夫の闘病中の一年半以上、寝る間を惜しんで病院へ向

人が少なくなった早朝の歓楽街を、愛犬「ダイちゃん」を連れて散歩する田端龍さん＝中区栄で

かい、戻ってきては店に立つ姿を見てきた田端さんは時折、声を掛ける。「体、大事にせないかんよ」

異国の隣人同士、ご近所付き合いが続く街―。その一角で、田端さんも頼りにするフィリピン人女性が、仲間たちの〝駆け込み寺〟を開いている。

移住者センター

わらにもすがる思いだった。

二〇〇七年、マリアさん（38）＝仮名＝は中区栄の池田公園近くのビルの一室にいた。フィリピン人移住者センター（FMC）。かってはバーカウンターだった机で、石原バージさん（55）と向き合った。

石原さんが日本で暮らす同じフィリピン人の相談に乗ってくれる、と友人に聞いてやってきた。在留資格はとうに切れ、おなかには子どもがいた。

「子どもの親は」「認知は」―。石原さんは責めるわけでもなく必要なことを質問し、うなずきながら静かに耳を傾けていた。マリアさんは、三年ほど一緒に暮らした日本人男性と、働いていたパブで会った。男性は、「独身だ」と言ってはいた。でも、相手に結婚する気はなかった。男性と連絡が取れなくなった後、男の子が生まれた。その子がまだ一歳にならないころ、マリアさんは逮捕された。〇一年の入国時に取得していたのは、九十日の観光ビザだった。

和歌山県の刑務所で、平仮名と片仮名を覚えた。ひとり息子が心配だった。様子を知りたくて、毎週のように乳児院へ手紙を書いた。

一年ほどの懲役が終わるころ、刑務所に定住ビザが届いた。マリアさんが服役中も、石原さんは区役所や入国管理局と連絡を取り続けてビザの手配をした、と後で聞いた。そして、出所の日。石原さんは和歌山まで迎えに来た。

「バハラナ」

石原さんは口ぐせのように言う。タガログ語で「何とかなる」。「魔法の言葉みたい」とマリアさんは表情を崩す。それ以来、石原さんのことを「ナナイ」と呼んでいる。母語で、「お母さん」。

何とかなる　力合わせ

当時の場所から二百メートルほど西のビルへ事務所を移したFMCには、今も相談が絶えない。家庭内暴力におびえる女性、不当な待遇に悩む技能実習生…。各地のフィリピン人からひっ

地元の住民らと談笑しながら掃除をする石原バージさん(中)＝中区栄の池田公園で

きりなしに電話が鳴る石原さんは「問題がいっぱい」と奔走している。多忙なはずなのに、マリアさんが一、二週間顔を見せないと、きまって電話がかかってくる。心配そうな声で、「何してるの？」。清掃の仕事をしながら近くに住むマリアさんはいつしか、石原さんの活動を手伝うようになった。

日本人と結婚して二十数年前に来日した石原さんは、数え切れない相談を受けてきた。二〇〇〇年にFMCを設立してからは、周辺のフィリピン人コミュニティーの窓口にもなった。地元のまちづくり団体役員の「クリーニング・サンシャイン」店主、田端龍《のぼる》さん(63)らから声が掛かる。イベント参加の誘い、フィリピン人客引きの服装は何とかならないか―など。

二月の木曜朝、池田公園。田端さんら地元の日本人十数人の輪に、石原さんの姿があった。左手に火ばさみ、右手にはごみ袋。

週一回、恒例の掃除にも小まめに顔を出すのは、トラブルが一人では解決できないと知っているから。「ここは私の学校のよう」と笑う。

「さあ、楽しくごみ拾いましょーう」。石原さんの明るい声が響く公園の隅。どこからか飛んできたカラスが、れんが色の交番に止まった。

「戦場」の防波堤

ガシャーン!

派手な衝突音が響いた。二〇一六年二月半ばの夜、中区栄の池田公園南西角の交差点。赤信号を無視した軽乗用車が別の車とぶつかり、エンジンルームがむき出しになっていた。駆け付けた十台以上のパトカーが連なり、赤色灯がビル街を照らす。

「ナニナニ?」「事故?」。酔客や客引きが群がった。大破した車は、公園の一角にある交番の前へ。「あの辺りで何かあったら、とりあえず大挙して行かないと」と、ある警察官は苦笑する。

中署池田交番。地元住民の要望で、一九九八年に新設された。けんかや料金トラブル、違法カジノ…。騒ぎは絶えない。

過酷な勤務で名をはせる交番に、愛知県警ＯＢの大野和彦さん(64)は二〇一二年四月に着任した。日中だけの交番相談員。「昼間はオアシスだよ。みんな寝とるで」。そう笑いつつ、ジャケットの下には防刃ベスト。いすの後ろに、ジュラルミンの盾が控える。

昼の来客は、落としものを届ける人や道を尋ねる人がほとんどだ。外国人も多く、身振り手振りと「少しのイングリッシュ」(交番勤務の警察官)を交えて案内する。だが、交番へ定期的に訪れる、いわゆる「常連」もいる。心を病んだ元大手企業社員、過去に警察の世話になったことがある人…。

「おお、ごはん食べたか!」

近くに住む男性(62)が、元気よく自転車で乗り付けた。「今から買いに行くとこだわ」と、大野さんが笑顔で返す。この男性は週に一度、交番を訪れる。

昼の交番　癒やし求め

若いころ、ギャンブルで消費者金融からの借金が膨らみ、愛知へ逃げてきた。仕事にしていた廃品回収は、金属の価格が下がったため休業状態。公園の公衆トイレの壁に向かって時々、ソフトボールの投球練習をしている。元高校球児だが、下投げにしているのは、「肩が痛い」から。

窃盗などの罪で、二回ほど逮捕されたことがある。「拘置所じゃ、番号で呼ばれるんだよ。人間じゃないみたい」。自分が悪いことをしたからだとは分かっていても、酔うと荒れてしまう。身に覚えのない殺人事件で、疑いをかけられたこともある。

「熱くなってまうんだから、飲み過ぎ

中署池田交番に勤務する大野和彦さん＝中区栄で

るなよ」。大野さんは注意しつつ、身の上話に耳を傾ける。時には三十分、一時間━。「償った後に受け入れられないと、立ち直れへんでしょ」

男性は「ありがたいよね」と、ホストクラブの前に落ちていたキラキラの携帯電話を交番に届けたり、出くわした泥棒を追い掛けたり。「交番に顔出すうちは、大丈夫だわ」。そう言って、目尻を下げる大野さん。食べることに困って訪れる常連に、ポケットマネーから日銭を貸すこともあるが、これまで金が返ってこなかったことは一度もないという。

そんな交番の南向かいの駐車場。大きな看板がいや応なく目に飛び込んでくる。二人が抱き合う絵。そのどちらも、男性に見える。池田公園はこうも呼ばれている。ゲイの聖地━。

マイノリティー

おピザ、おキムチ、おかまぼこ━。

迷路のように入り組んだビルの一室。ホワイトボードに、やたらと丁寧に書かれたメニューが並ぶ。カラン、カラーン。木のドアが開き、ベルが鳴った。

「わぁ、うれしーい。会いたかったぁ」

名古屋市中区栄の通称・女子大小路にあるゲイバー「だいごろう」の〝ママ〟清水俊勇《としお》さん(61)が、両手を胸の前で合わせた。常連の男性は「会いたくねえわっ」。もちろんめげずに、おしぼりを「どうぞっ」。

この道四十年、このビルだけでも足掛け三十年の大ベテラン。「卒業生は…、三十人くらいかしら」。ただ、客のほとんどが同性愛者ではない男性や女性。最近、周辺で増えているゲイ専門の店と区別して、「観光バー」とも呼ばれる。ゲイの客はあまり来ない。

「なんでって? そりゃ、みんな一般の人には知られたくないからよ」

幼稚園に入るまでスカートをはいていた。買ってもらったランドセルが赤色でなくて、泣いた。「人から『おかしい』と思われるのが、普通だった」。そう話す清水さんも、両親に自分の口から伝えたことはない。

店の扉を開けると親しみやすいキャラクターの“ママ”清水俊勇さんが迎えてくれる＝中区栄で

自分さらけ出し　店に

二十数年前、テレビの歌番組に偽名で出演したことがある。審査員が出演者の職業を当てるクイズ形式だった。店内で化粧をしているところも撮影した。放送前、母親に電話した。「サクラとしてテレビに出るけど、実際は違うから」。脳梗塞で入院していた父親に、番組を見せないよう頼んだ。だが、父親は見ていた。ただ、亡くなるまで、父親と「その話」をすることはなかった。

「バレたくない…けど、分かってほしいところもあるのよ」

そもそも、他人と違うことや周りの目に悩む性的少数者（ＬＧＢＴ）は多い。清水さんの周りでも、カミングアウトできるのはごく少数だという。「でもなぜか、うちで働いてたコはよく親を連れてきてたわね」。従業員のタクヤさん（43）もその一人。

タクヤさんが、自分がゲイだと自覚したのは中学生のころ。二十年ほど前から「だいごろう」で働いたり、自分で店を開いたりしたこともあった。親に直接伝えたわけではないが、母親は時々、客として店を訪れる。当然、気付いている。

「暗黙の了解よ。親には申し訳ないけど、好きでこんなふうになったわけじゃないから」

カラーン。別の常連の男性客が入ってきた。ゲイではない。下ネタを飛ばすタクヤさんに「キモっ」とひと言。でも、また来る。「ラクなんですよ。彼らは自分をさらけだして、店に立ってるわけだから」

日々の仕事、人間関係――。とかくストレスの多い社会で、癒やしの場は人それぞれだ。すぐ近くのビルでは最近、この街にひかれた元サラリーマンが新たな夢を追い始めた。

転身マスター修行中

薄暗い店内。カウンターの棚に、酒の瓶がすき間なく並ぶ。

名古屋市中区栄の通称・女子大小路にあるバー「ローディーズ」。シャカシャカシャカシャカシャカ…。白いシャツにベスト姿の辻英男さん（44）がシェイカーを振る。「よく『マスター』と呼ばれます」

「ハイ、もう一回」。真のマスター、冨田貴文さん（35）の声が飛んだ。シェイカーは、練習。客には出さない。

二〇一五年夏、この店で見習いを始める前、辻さんは市内の広告会社の課長だった。徹夜も珍しくない仕事のかたわら、女子大小路には十数年通い詰めた。チラシの依頼を受けた縁で、

カウンターに立ち、冨田貴文さん（右）にカクテルの作り方を教わる辻英男さん＝中区栄で

ローディーズにも通った。悩みか、疲れか、時に荒れた。

酔って見ず知らずの客におごる。記憶はない。請求書を見て「ぼったくりかと思いました」。そう言って笑う辻さんに、冨田さんがすかさず「後でお礼言われとったやないですか」。

仲間のような空気が心地良かった。この街に店を持ちたい。でも二人の息子はまだ中学生。仕事を辞めるか、どうするか―。思い切って二十二年間勤めた会社を辞めたとき、冨田さんの顔が真っ先に浮かんだ。

バーの近くのカフェで向かい合う。酒ではなくコーヒーにしたのは、冨田さんの提案だった。「大事な話なんでしょ?」。修業したい、と伝える辻さんに、「いいですよ」。即答だった。

妻「そんな感じしてた」

冨田さんがローディーズを開いたのは一一年。同様にバーを経営していた別の場所から移ってきた。

ある時、店を探す若い男女に会った。「駄菓子があって、カラオケがあって…」。難解なパズルに首をひねっていると、近くの店主たちが集まってきた。五人、六人。通りすがりの二人のために、携帯電話で知り合いに聞き回る―。

「これが女子大小路。僕も新しく入って、受け入れられたクチなんで」

頼ってきた辻さんに、イロハから教えている。例えば、ドリンクの混ぜ方。雰囲気と味を壊さないよう、音も泡も立てないように。「二カ月くらいかかりました」と辻さん。指の皮はずるむけ。シェイカーの特訓で、肩が上がらなくなったこともあるが、「それは四十肩でしょ」と冨田さん。

辻さんは、会社を辞めた後で、妻（46）にそれを伝えた。自宅の居間、子どもは外出中の昼。タイミングを見計らい、「辞めたわ」とだけ。「そんな感じしてた」。妻の口から出たのは、事後報告への非難ではなかった。

「つき物が落ちたような顔でもしてたんですかね」

新しい店で出すのは酒と薫製、缶詰をアレンジした料理なんかも。「来年の春くらいかな」。シャカシャカシャカシャカ…。まだリズムを探るような音が、夜の街に溶け合った。

記者の一言

「出前、やってないの？」

未明の池田公園。パブで働くフィリピン人女性が、ハンバーガーの移動販売をしている日系ブラジル人の男性店主に言った。「一人でやってるから…」とやんわり断る店主。やけに日本的なやりとりに、思わず吹き出してしまった。

味が評判で、午前二時の開店と同時に次々と客が訪れる。客引き、ホスト、ゲイのカップル…。朝から店の前でウイスキーの小瓶を傾けていた高齢のブラジル人男性客は、初対面の記者に片言でハンバーガーや酒を勧めてきた。

公園の一角で人々を眺めると、さまざまな人を受け入れてきた街を象徴する場面があふれている。あやしげな夜の街。それだけではない温かさが、確かにそこにあった。

（斎藤　雄介）

街角トピック

「女子大小路」は名古屋市中区の栄4、5丁目のエリアを指す。通称の由来になったとされる中京女子短大は、現在の名古屋東急ホテルの位置にあったとされる。

文教地区でもあった一帯は1960年代以降、急速に「夜の街」へと変ぼうしてきた。今もネオンや外国人の客引きであふれてはいるが、高度経済成長期には名古屋で一番の歓楽街だったらしい。夜間営業の飲食店数が90年ごろまで、同じ中区の「錦三」よりも多かったことを示す調査結果もある。

87年には、悪化したイメージを払拭しようと地元町内会などが「栄ウォーク街」と〝改称〟した。ただ、地元のまちづくり団体関係者は「あんまり浸透せんかったね…」。一帯はやはり、今も「女子大小路」と呼ばれている。

地元住民によると、現在は池田公園がある場所にはかつて、市営住宅があったという。その公園を地区のシンボルとして、夜だけでなく昼も盛り上げようと、さまざまなイベントが催されている。

野外コンサートに夏祭り、冬のイルミネーション…。近年では年に一度、性的少数者（LGBT）の祭りも開かれ、参加者の「結婚式」を来場者が祝っている。

第4話　ささしまサポートセンター

戦後に日雇い労働者が集った名古屋市中村区の笹島で、路上生活者を支援した「笹島診療所」。その診療所を前身として2012年9月に誕生した「ささしまサポートセンター」を舞台に、人々の助け合いのきずなを取り上げる。

憩いの場所

すりガラスの玄関扉を開けると、大きな荷物を抱えた中年男性数人が、待合室のテーブルに集っていた。日に焼けたような浅黒い顔。ニコッと笑うと、歯が二、三本足りない。

名古屋市中村区の大門商店街から一本南の小道に、NPO法人「ささしまサポートセンター」の事務所はある。一見、ただの一軒家にしか見えないが路上生活者らにとっては、なくてはならない場所だ。センターでは生活医療相談や福祉事務所への同行、路上から居宅へ移った人の支援などを行っており、活動は幅広い。

「外は寒かったでしょう。コーヒー飲んでいく?」

優しく声を掛けたのは、支援活動の中心である事務局次長の定森《さだもり》光さん(29)。待合室には、おかわり自由のインスタントコーヒーが置いてある。相談の順番待ちの人もいれば、ただ話したくて訪れる人も。「寂しい」と常日頃こぼす彼らにとって、熱い一杯のコーヒーはごちそう。体だけではなく、孤独という心の冷えも、少しだけ温めてくれる。

定森さんが活動に携わって八年になる。札幌市での学生時代、雪が降り続く真冬に外で寝ている路上生活者を見て衝撃を受けたが、自分にはどうすることもできなかった。無力な自分が悔しかった。地元名古屋で商社に就職しても、思い出されるのはあの光景。「もう後悔したくない」。何かできないかと団体の門をたたき、二〇一一年に職員になった。

押しつけず寄り添う

定森さんが高木正年さん（72）と出会ったのは、一二年末の炊き出しだった。路上歴十年の高木さんは、大きなリュックを抱え、帽子を目深にかぶって顔を隠していた。あまり人と関わりたくない様子だったが、定森さんは勇気を出して声を掛けた。

高木さんは、アパート住まいを希望していたが、うまく部屋を見つけられずにいた。「事務所の二階に空きがある」。定森さんが提案し、部屋が決まるまで住むことになった。

一人きりの生活が長かったため、最初は来訪者とト

「寂しい」とつぶやく来訪者たち。温かいインスタントコーヒーのカップを、包み込むように手にした＝中村区のささしまサポートセンターで

ラブルになったり、部屋を飛び出したり。定森さんはその都度、高木さんの思いを考えながら納得するまで話し合った。何かを押し付けることはない、つかず離れずの関係だったが、決して見捨てることはしなかった。心を開いてもらえるまで、あきらめなかった。そのうち二人で生活用品を買いに行ったり、部屋を探したりするようになった。

半年後、高木さんは市内にアパートが決まり、出て行った。「あんた、同じ目線で話してくれた」。心を開いたきっかけは、定森さんの寄り添う心だった。自立した後も、高木さんは年に数回、定森さんに会うために事務所を訪れるという。定森さんは「自分にとっても、忘れられない出会いになった」とほほえんだ。

定森さんは二〇一六年四月、NPO法人を支援する北海道の団体に就職する。相談業務を引き継ぐ中心の一人が、ケアマネジャーの経験がある横井久実子さん(61)。カーテンで仕切られた相談室で、相手の本音を引き出せるようにいつも笑顔だ。「生活保護を受けるのも一つの方法だよ。どうしたらいいか、一緒に考えよう」。横井さんも定森さんと同じように、押し付けることはしない。相手の意見を尊重しながら、路上生活から何とか抜け出せるよう、親身に相談に乗る。定森さんのモットーである「寄り添う精神」を引き継いでいる。

横井さんには、一つの願いがある。「ここが、彼らにとって安心できる居場所であり続けてほしい」

定森さんからバトンを受け取り、寂しさを抱えた来訪者の憩いの場をつくっていく。

二人の恩師

名古屋市中村区大宮町のNPO法人「ささしまサポートセンター」理事長で医師の森亮太さん（45）には、今は亡き二人の恩師がいる。杉浦裕さん＝享年五十九歳＝と伊藤光保さん＝享年六十三歳。路上生活者を支援し、団体の活動を支えた二人の医師の思いを胸に、夜の路上で医療相談に乗る。

「胸の音聞きますからねー」

第二木曜の夜、中区の薄暗い高架下。地面に広げたブルーシートの上で、森さんが路上生活を送る男性の胸に聴診器を当てる。「のどは痛いですか。熱は測ったかな」。男性がせきや鼻づまりの症状を訴えたため、喉の腫れも確認。「風邪ですね。あったかくして、お大事に」。優しく声を掛け、三日分の風邪薬を処方した。診察を受けるため、森さんの前には路上生活者らの長蛇の列ができていた。森さんは一人一人、時間をかけて丁寧に診ていく。「先生、ありがと」。野太い声が高架下に響いた。

団体の始まりは一九七六（昭和五十一）年一月。名古屋市で凍死や餓死する日雇い労働者が相次いでいるという新聞記事を読んだ現センター顧問の藤井克彦さん（73）＝熱田区＝らが、おにぎりを路上生活者に配った。その後、炊き出しをしている間に医師が医療相談に乗るようになり、八五年に事務所を構えて笹島診療所を発足。二〇一二年、NPO法人となった。

森さんが最初に活動に携わったのは浪人時代。小学三年生の時、母親を胃がんで亡くした。「がんを治して」という死の床についた母の言葉を胸に、医師を目指した。しかし道のりは平坦ではなかった。大学受験に二回失敗。勉強に力が入らず、くすぶっていたころ、先輩に紹介されたのが診療所だった。

目の前の命　向き合う

路上生活者と話し、相談に乗った上で医師に引き継ぐ役割。「医師の卵でもない自分に『ありがとう』と言ってくれたのがうれしかった」。あきらめかけていた夢を思い出した三浪目の春、医学部に合格。医師の道を歩き始めたが、研修医、勤務医時代は忙しさゆえ活動から離れていた。

復帰したのは、杉浦さんと出会って。一〇年、末期の胃がんを患った杉浦さんは杉浦医院（名古屋市昭和区）の跡取りを探していた。手を挙げた森さんに出された条件は「ボランティア活動をすべて引き継ぎ、続けること」。杉浦さんは、診療所のほかに外国人医療の支援にも熱心に取り組み、思い入れがあった。

がんでやせ細っていく杉浦さんの姿が、病の母の姿と重なって見えた。「自分で役立てるなら」

とうなずいた。

医師として医療相談を始めた森さんの師匠となったのが、一緒に活動したもう一人の恩師、伊藤さんだった。週に一度、愛知県東海市にある伊藤さんの医院を訪れ、在宅医療などの指導も仰いだ。「命に差があってはいけない」という伊藤さんの信念を知り、感銘を受けた。

伊藤さんの膵臓《すいぞう》がんが見つかったのは一四年春。病を患った後も、亡くなる直前まで路上に足を運び続けた。「点滴をしながらも、路上生活者の診察をする伊藤先生こそ、『本当

「ちょっと喉を見せてくださいね」。机も椅子もない高架下で、
森亮太さんが医療相談に乗っていた＝中区千代田で

の医師だ』と思った」。

杉浦さんは一二年、伊藤さんは一五年二月に亡くなった。

二人の名医の遺志を受け継いだ森さんも、自分なりの信念も持つ。「病を診るのではなく、病を患った人を診たい」。目の前の命に向き合う医師でいたいから、きょうも路上へ出向く。

炊き出しのアイドル

食欲をそそるカレーの匂いが、辺りに広がる。街灯の明かりがぼんやりと照らし出すのは、夕食を求めて並ぶ路上生活者たちの姿。週に二回、名古屋市中区の高架下のゲートボール場は、炊き出し会場になる。この日のカレー百六十人分は、わずか三十分でなくなった。

炊き出しはNPO法人「ささしま共生会」（同市中区）が、複数の団体の協力を得て月曜と木曜に実施している。メニューは月曜が丼物、木曜がカレー。利用者は通年で延べ一万六千人に上る。先着順のため、整理券を求めて開始時間の二時間前から並ぶ強者も。路上生活者にとって、炊き出しは、貴重な温かい食事であると同時に、「命綱」でもある。


◀薄明かりの高架下で、カレーを手渡すボランティアたち。近藤百々さん（左）ら学生たちは、必要な人手というだけでなく、路上生活の人たちにとっての「希望」だ＝中区千代田で

「炊き出しは一つの窓口。来た人の様子を見て、医療相談につなぐこともある」と話すのは、共生会理事の橋本恵一さん（31）。同じ敷地内で、NPO法人「ささしまサポートセンター」（同市中村区）が医療相談に応じている。

炊き出しにはもう一つ、魅力がある。

「久しぶり！　元気してた？」

若い女性の甲高い声が響いた。橋本さんと一緒にごはんとルーを器によそい、列をつくる中高年の路上生活者らに笑顔で手渡すのは十～二十代の大学生たち。あいさつや、ねぎらいの言葉を掛けながら、手際よくカレーを配っていく。

中でもひときわ元気なのが、学生ボランティアサークル「AVANTGARDE《アバンギャルド》」部長で金城学院大人間科学部二年の近藤百々《もも》さん（20）。「ちょっとやせたんじゃないの。きょうはカレー、たくさん食べていって」。食事を手渡しながら、一人一人に明るく声を掛ける。

希望と勇気手渡す

百々さんを見つけて話しに来る人も。「あんたに手紙書いたから読んで感想を教えて」「髪形変えた？　似合ってるじゃん」。百々さんの周りには、常に人だかりができる。あちらこちらから声が掛かる姿は、まさに「炊き出しのアイドル」。だが一方通行ではない。百々さんも「おじさまたち」に、勉強や恋愛の相談をする。本名を教えてくれる路上生活者はあまり多くないため、百々さんがあだ名を付けて呼んでいる人も。しかし、その人の特徴や前回話した内容は必ず覚えている。だからこそ、路上のおじさまの心をつかみ、信頼されている。「私たちは特別なことをしているわけじゃない。ここに来れば、普段出会えない人と話せる。それが面白いから、人生勉強になるから、楽しんできているだけ」。百々さんは屈託なく笑う。

「彼女たちは、路上の人たちにとって、希望なんです」

談笑する百々さんを見ながら、橋本さんは目を細める。路上生活者は偏見を持って見られがちで、社会では理不尽なことも多い。通行人と肩がぶつかっただけで殴られてけがをしたり、路上で寝ているだけで蹴られたり。ストレスのはけ口もなかなか見付けられず、辛い思いを抱えながら日々を送る。

その中で、「一人の人間」として接してもらえるのが炊き出し。しかも、出会う機会の少ない若者と話し、その頑張っている姿を見ることで、勇気が出るのだという。

「おじさまたちは人生の先輩だから相談する。私たち学生と話して『俺でも役に立つんだ』って思ってくれたら、それもうれしい」と百々さん。薄暗い高架下で、彼女たちの存在が、路上生活者たちを明るく照らす。

路上生活

コーンスナック、ふ菓子、チョコマシュマロ…。誰もが一度は見たことがある、懐かしい駄菓子が店先に並ぶ。店といっても、実際は机の上に菓子を並べただけの、簡易の売り場。名古屋市中村区大宮町のNPO法人「ささしまサポートセンター」の事務所前は月二回、駄菓子屋に早変わりする。

「駄菓子ありますよー」

通行人に元気よく声を掛けるのは、川崎謙治さん(57)。売れ行きはいいわけではなく、立ち止まってくれる人は少ない。五時間で、売り上げ千円という日もざらにある。運が良ければ、小さな子どものいる家族連れがまとめて購入してくれる程度だ。それでも、有り難い貴重なお金。「ちょっとでも、団体の活動資金になればと思ってよ」。顔を赤らめ、はにかんだ。

販売はボランティア。川崎さんは十年以上、路上生活を送る。現在の寝床は、区内の会社事務所の軒先。従業員がいない深夜から早朝の間だけ、許可をもらって敷地内に寝袋で寝ている。

岩手県釜石市出身。高校卒業後、製紙工場で三十年ほど働いた。好景気で羽振りがよく、実家も建て替えた。ぜいたくはできないが、生活に不満はなかった。しかし、不況の波にのまれ会社が倒産。派遣会社に入って名古屋へ派遣されたが、そこでも仕事は徐々に減り、寮も追い出された。女手一つで育ててくれた母親も亡くなっており、ほかに頼れる家族もなく、路上に行き着いた。他人にも迷惑を掛けたくなかった。二〇〇五年の冬だった。

「みじめだ。生きててもしょうがねえ」。空腹、寒さ、そして絶望。栄のビルの屋上から飛び降りて死のうとした。でも、恐怖でできなかった。

生まれた夢　生きがい

まさか自分が路上生活者になるとは思ってもみなかったが、死ぬこともできず、生きるほかなかった。ほかの路上生

懐かしい駄菓子が並ぶ出店。川崎謙治さん（左）の呼び掛けに、通行人が足をとめた
＝中村区大宮町で

活者を見て、路上での生き方を学んだ。後を付いて行き、支援者から毛布をもらった。アルミ缶を集めて収入を得るようにもなった。だが夜になると、わびしさで胸がいっぱいになる。話し相手もおらず、孤独だった。

そんな日々の中、人とふれあえる大切な時間が、NPO法人「ささしま共生会」（名古屋市中区）などが高架下で実施している炊き出しだった。「寒いから、温まっていって」「風邪引いちゃダメだよ。何か困ったことある？」。支援者の励ましに、人の優しさを感じた。温かいカレーに、生きる勇気をもらった。

「もらって食べてるだけでは申し訳ない。金はないが、何かで恩を返したい」

思い切って、炊き出しや募金、教会清掃のボランティアを始めた。複数の団体に顔を出したことで日々の予定ができ、気持ちを切り替えられた。人脈も広がり、悩みを話せる仲間もできた。寂しさは消えないが、少しだけ心に余裕が生まれた。共生会理事の橋本恵一さん（31）は「ボランティアを始めてから生き生きしている」と語る。

「いま、満足して路上にいる。夢もあるしな」

いつか、自分の資金で炊き出しをやるNPO法人をつくりたい。路上生活を送る中で、生まれた夢。「まだまだ金が足りねえんだけど。野宿者にとって炊き出しほどありがたいものはない」

どん底を支えた人情が、生きていく意味もくれた。

朝の清掃

少し肌寒さが残る早朝の神社。五人の男性が境内の枯れ葉をほうきで掃き、空き缶を集めていた。軍手をはめて雑草を抜く人も。一時間もすれば、辺りはごみ一つなくなった。

名古屋市中村区大宮町のNPO法人「ささしまサポートセンター」は月に二回、近くの豊国（とよくに）神社で早朝の清掃活動を実施。路上生活者や路上からアパートへ移った人などが自主的に参加している。

「やっぱ、きれいになると気持ちいいねえ」。鳥の鳴き声が響く中、区内のアパートで一人暮らしをする下田長利さん（75）が腰を伸ばして見渡した。額に汗がじんわりとにじむ。「一人住まいだと、寂しくてね。掃除はいい気分転換になります」。生活に困り、生活保護の手続きのためセンターの支援を受けた下田さんは、ほぼ毎回参加している。参加者同士のたわいない会話を楽しみにして神社へ足を運ぶ。「少しでも、社会で生きていると感じたいから」

この日は区内で路上生活をする川崎謙治さん（57）も参加。「ちょっと朝早いけど、いい運動になる」と、他の参加者とも協力してゴミを集めていった。

清掃活動は二〇一四年春に始まった。孤立しがちなセンターの利用者が社会とつながり、地域に溶け込んでほしい。そんな願いから、センターが宮司の近藤一夫さん(53)に頼んで実現した。参加者が使う掃除道具も、神社が貸し出している。

近藤さんは一つ、条件を出した。「必ず継続すること」。路上生活者らは、ただでさえ偏見を持って見られる。途中でやめたら、世間の目はさらに冷たくなる。「神社の清掃を、より良く生きるきっかけにしてもらいたい」。その思いを受け止め、開始から二年たっても毎回、参加者が集まる。

近藤一夫宮司(右)と境内を掃除する下田長利さん。話す人がいて、自分も役立てる朝の清掃は、とっておきの時間だ=中村区の豊国神社で

彼らも「街の人」

近藤さん以外にも、路上生活者らを温かく受け入れる人たちがいる。事務所近くにある大門地域の住民だ。

一五年七月、住民らが開いた夏祭りイベントに、センターが支援する路上生活者らが参加した。塩化ビニール板を丸めた灯籠で門を作るワークショップのブースをセンターが設け、利用者は子どもたちと一緒に絵を描いた。

商店街の呉服店社員でイベント実行委員長の加納栄志さん（40）は「彼らも大門が好きな街の人に変わりない。祭りをつくり上げた大事な仲間」と振り返る。人手が足りない中、設営や会場警備、後片付けもしてもらった。「彼らが居なければ、イベントの成功はなかった」と感謝の言葉を口にする。今年も開催予定で、加納さんは、ぜひ手を貸してほしいと望む。

住民の間には当初、「どんな人たちなのか」という不安もあった。「付き合ってみると、いい意味で『普通の人』だった」と加納さんは笑う。イベントは住民の〝誤解〟を解き、つながりを生むきっかけになった。

社会の中で、居場所や生きる意味を探し続ける路上生活者ら。冷たいまなざしにさらされることもあるが、彼らの孤独に寄り添う心は、この街にもあふれている。

記者の一言

困っている路上生活者を助けたいという思いで働く――。これほど素敵な仕事が、温かい空間が名古屋駅近くにあるとは、取材に携わるまで知らなかった。サポートセンターの職員や炊き出しボランティアには、ただただ頭が下がった。

路上生活者への取材は初めてで、最初は「どんな人たちだろう」と不安があった。それを打ち消してくれたのもボランティア。路上生活者を社会につなぐパイプとして、必要な存在だと実感した。

いまだ路上生活者への世間の風当たりは強い。彼らが地域社会ともっと接することができれば、誤解や偏見は消えていくのだろうと希望が持てた。

（天田　優里）

街角トピック

戦後に日雇い労働者が集った名古屋市中村区の笹島地区だが、いまやその面影はない。むしろ「若者が集う街」として、装いを新たにしている。

名古屋駅前の笹島地区の開発が進むのは、リニア中央新幹線の開業を控えているから。現在は映画館やホテル併設の結婚式場、ライブハウスが集まり、にぎわっている。

学びや発信の場という顔も併せ持つ。愛知大も2012年、笹島地区に名古屋新キャンパスを開校。国際協力機構（JICA）中部の事務所も隣にあり、世界情勢を学べるほか、併設のカフェでは世界各国の料理や菓子が楽しめる。

2005年には、愛・地球博（愛知万博）のサテライト会場「デ・ラ・ファンタジア」が地区内に設けられた。当時は鉄腕アトムやポケットモンスターのイベントなどが開催され、多くの来場者でにぎわった。

近くには名古屋臨海高速鉄道西名古屋港線（あおなみ線）の駅「ささしまライブ駅」もあり、通勤・通学者にとって欠かせない交通手段になっている。

今でも地域一帯を「笹島」と呼び、愛着を持つ人は多い。さまざまな歴史を背負いながら、笹島地区はこれからも発展していく。

第5話 伏見地下街

新しい立ち飲み屋などの飲食店が次々とオープンする中、半世紀近く営業している喫茶店も存在感を放つ伏見地下街（名古屋市中区錦2）。地上の長者町繊維街の問屋たちが出資し、1957（昭和32）年11月に開設された。当時の出店が姿を消し、一時は衰退したが、近年にぎわいが急速に戻っている。新旧、多様な店が織り成す空間にたどり着いた人、根を張り続ける人たちを取り上げる。

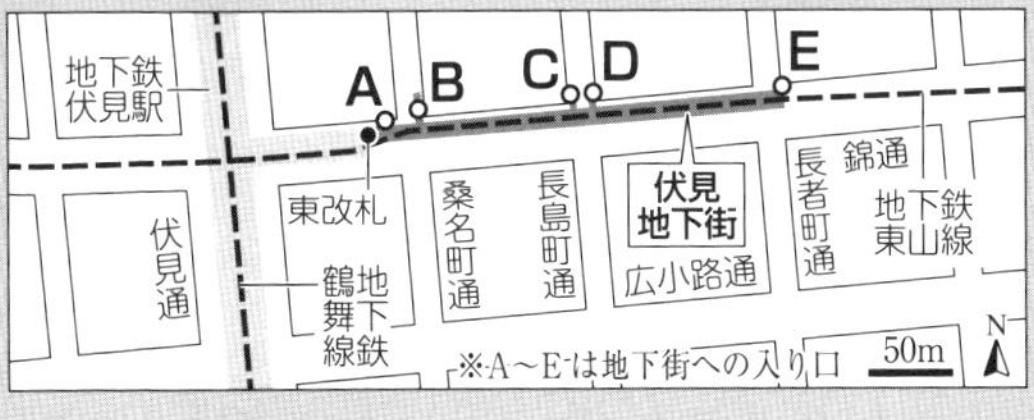

仕事人

七十歳を超えて警備員をしている自分を、今でも不思議に思うことがある。

昔ながらの洋服店や喫茶店、おしゃれなハンバーガー店などが四十ほど横一列に並ぶ、全長約二百五十メートルの伏見地下街。一田《いちだ》浩史さん（71）は、ただ一人の警備員だ。日曜日と休日以外は毎朝午前四時半に起き、近くの自宅から出勤。午前六～八時と午後七～十一時半に巡回している。

小まめに隅々まで歩き回るのはもちろん、酔客がけんかを始めると、間に体を挟んで止める。迷い込んだ外国人観光客がいれば、すかさず英語で案内。店内で床から水がしみ出すトラブルがあった時は、排水溝が詰まった箇所を探し当てた。若い店主から商売のアドバイスを求められ、自身の昔話をすることもある。

「一生懸命やれば、どっかで誰かが声を掛けてくれる。温かい家庭がどんなものか知らないからかな。職

地下鉄の駅と地下街の間のシャッターを開ける一田浩史さん（左端）。
通勤客が通路にあふれだす＝中区錦2で

場に居場所を感じてきた」

　物心がついたころには、父が再婚していた。本当の母が誰か知らない。継母は、実の子だけを溺愛しているように感じた。二十四歳の時に父が病死。それから継母たちとの付き合いはなくなり、親族と呼べる人もいなくなった。

　父がのこした名駅前の小さなバーと喫茶店を継ぎ、二十五歳で結婚した。三十歳を過ぎたころ、かつて勤めていた映画配給会社「松竹」の上司がバーを訪ね、業界に戻るよう誘ってくれた。勤務地は大阪だったが、くすぶっていた映画の仕事への情熱がよみがえった。母子家庭で育ち「母を置いて名古屋を離れられない」という妻と離婚し、四歳の長女と二歳の長男とも別れ、転職。大阪市近郊で活気を失っていた劇場を回り、サリドマイド薬害を追った「典子は、今」や、反戦がテーマの「はだしのゲン」など、親子で鑑賞できる映画を次々と上映した。

居場所求めて

十年後、松竹時代の先輩から「今いるレジャー系会社が新しく始めるパチンコ店を一緒に」と招かれ、再び名古屋へ。経営は軌道に乗り、役員となって高級車を乗り回した。年収が三千万円に上った時期もあったが、経営方針を巡って社長と言い争いになり、五十二歳で退社した。

派遣社員として栄のシティーホテルで警備やベッドメークを二年半ほどした後、ホテルの運営会社に正社員で迎えられた。六十五歳を過ぎて退職したころには、系列ホテルの所長を任せられていた。

「忙しい毎日の方が性に合う」と警備会社に再就職。二〇一三年、伏見地下街の担当になった。「仕事が実に真面目」と伏見地下街協同組合の小池建夫理事長（70）に見込まれ、一五年十二月から警備専従の組合職員として働く。

スマートフォンの時計が午前七時二十九分二十九秒を示すと、地下鉄伏見駅の改札口に通じるシャッターのボタンを押す。七時半ちょうどに上がりきり、スーツ姿の男性らがあふれ出てくる。その姿を見送り、八時に地上へ。月に十回ほどは一時間後から、市のシルバー人材センターの仕事で駐輪場の自転車を並べ直す。

若いころは想像していなかった人生。体力的にきついと感じることもあるが、「この歳でまだ仕事できるのはありがたい」。必要とされる間は頑張ろうと思う。

凜《りん》とした表情を、少し緩めた。「店主さんたちが名前で呼んでくれる。毎朝会う人が、笑顔であいさつしてくれる」。その店主の一人が、ハンバーガー店の後藤謙太郎さん（37）だ。

ハンバーガー

ハンバーガーの本場、米国で修業をした後藤謙太郎さん（37）＝西区＝が伏見地下街に「HANDSOME《ハンサム》 BURGER《バーガー》」を開いたきっかけは、コンピューター部品の商社マンだったころにさかのぼる。

「林《りん》ならうちを辞めました。知りませんでした？」。紅葉が見頃を迎え始めていた二〇一〇年の秋。提携する台湾の電子部品の開発会社に電話をかけて伝えられた事実を、うまくのみ込めなかった。

林さんは、新製品の開発プロジェクトで一年半ほど一緒に力を合わせていた二十代半ばの台湾人男性。後藤さんが台湾に出張するたび膝をつき合わせ、図面を眺めながら夜を徹して議論。信頼を築いたと思っていた。だが林さんは、何も言わず転職していた。人間関係を大切に仕事をしてきたつもりだったのに—。

新製品の量産が始まる時だった。不具合に対応できる責任者が突然いなくなり、後藤さんは上司に「なぜそんなに大事なことを把握していなかった」と怒られた。製品

ガラス張りの厨房でハンバーガーを作る後藤謙太郎さん（左）＝中区錦2で

の納入先にも非難された。ただ、その声は耳に入らず「なぜ相談してくれなかったのか」「自分のせい？」との考えが頭の中をぐるぐる回った。台湾語も英語も話せず、通訳を介してしかコミュニケーションをとれなかったことを悔やんだ。思い返せば林さんとは、時間があっても職場の外で酒を酌み交わさなかった。

仕事をしながらも「自分は人としてだめだ」と思い続けた。自信を失ったまま一年を過ごし、休職を決意。起業家が集まる「シリコンバレー」に近い米カリフォルニア州サンフランシスコで、語学学校に通った。

海を渡って輝いて見えたのは、アメリカンドリームを追うベンチャー企業ではなく、たまたま入ったハンバーガー店だった。

幸せ満ちる場

注文して頬張り、肉の厚みとしっとり感に驚いた。見回すと、子どももお年寄りも楽しそう。「なんて幸福に満ちた場所」。幸せの秘訣《ひけつ》を学ぼうと、毎日通った。

一年間で二百個以上を食べた。いつしかスタッフに顔を覚えられ、「ケンタロー」と呼ばれるように。朝仕入れた肉をひき、肉汁を閉じ込める工夫を凝らしたハンバーグ状の「パティ」の作り方を教えてもらった。

渡米から二年ほどが過ぎて帰国するころには、目標が定まっていた。名古屋市内の喫茶店でアルバイトをしながらランチでハンバーガーを試作。客に好評で、店を構えることにささやかな自信が芽生えた。市内を巡り、オフィス街の会社員が昼に訪れる伏見地下街に空き店舗を見付けた。

サンフランシスコでよく買い物をした洋服店の店主で、片言の英語の練習相手になってくれたマーク・クルザダさん（31）が必要な米国の調理道具を土産に、開店の手伝いに来てくれた。マークさんは日本に二カ月滞在し、後藤さんとともに内装工事を手掛けた。店名は、マークさんの店の名「HANDSOME　OXFORD」にちなんだ。

厨房《ちゅうぼう》はガラス張り。肉汁たっぷりのパティを鉄板で焼き、新鮮なレタスとトマトを挟む様子を立食の客に見えるようにした。広々とした商社のオフィスに代わって見付けた三十四平方メートルの幸せな空間。

二〇一六年一月に開業してから四カ月。「そういえば六年前より今の方が、人の気持ちが分かる気がします」

地下街に喫茶店と立ち飲み屋があるため、コーヒーやビールは出さない。そんな後藤さんがひと息をつきながら、店を根付かせるための心構えを学んでいる場所は、二軒隣、四十年間続く「伏見珈琲《コーヒー》館」だ。

老舗喫茶店

身内の葬式や結婚式以外は、休まず店を開いてきた。

風邪をひいて熱でふらついても、カウンターの中に入ればシャキッとした。「せっかく来てくれた人に、がっかりしてほしくないから」。伏見地下街で四十年続く「伏見珈琲館《コーヒー》」。マスターである伊藤英治さん（68）の無愛想にも見える表情は、実は、真面目な人柄を象徴している。

中学生のころから、音楽を聴きながらコーヒーを飲む大人の雰囲気に憧れていた。卒業後、東京や名古屋市内の喫茶店で働いた。

二十四歳のころに勤めていた喫茶店の下のケーキ店に、後に妻となるふみ子さん（65）がいた。家庭的なところにひかれ、ふみ子さんも「誠実そうな人」と好感を持った。どちらが最初に声を掛けたかは、「思い出せない」とごまかす英治さん。その横顔を、ふみ子さんがほほえんで見つめる。

結婚して長男を授かった二十六歳のころ、英治さんが「思い切って独立しよう」と決め、ふみ子さんがうなずいた。

一九七五（昭和五十）年。伏見地下街は近くの長者町繊維街の問屋の出店で埋まり、買い物客やふろしきをかついだ行商人でにぎわっていた。友人らから六百万円を借り、たまたま空いたばかりの店舗を買い取った。商売がうまくいく自信があったわけではないが、若さゆえの勢いでスタートを切った。

客との会話を弾ませるのはふみ子さんの担当。話があまり得意ではない英治さんは、誰が何を頼むか覚え、次に来店した時、すっと出せるように努めた。

早朝は出勤前の会社員らが押し寄せ、十三席に座れない人たちが立ってコーヒーを飲んだ。昼間は、商談中の繊維問屋まで届けることもあった。三年で借金を返せたほ

開店当初とほとんど同じたたずまいの伏見珈琲館＝中区錦2で

どの繁盛ぶり。ふみ子さんが子どもの世話で家から離れられない時は、同年代の客が手伝いに来てくれた。

夫婦が作る昭和の空間

バブル経済が弾けた後の九〇年代からだろうか。長者町繊維街の景気にも陰りが見えはじめ、地下の出店が一つ、また一つ、閉まっていった。

昔ながらの純喫茶でコーヒーを飲み、ゆっくりする人も減った。携帯電話が普及すると待ち合わせが簡単になり、喫茶店でわざわざ落ち合う若者も少なくなった。

伏見珈琲館を支えるのは、伊藤さん夫妻が午前六時半から豆をひいて入れるコーヒーと、昭和のままの店の雰囲気。そして、夫妻の顔を見たい常連客。

午前七時。コーヒーの香りが通路へ漂う。開店は三十分後だが、店内には早くもベン・E・キングの「スタンド・バイ・ミー」が有線ラジオから流れていた。

ほどなくスーツを着た初老の男性が入ってきて腰を掛け、黙ってスポーツ紙に目を通し始めた。まだ開店前。でも英治さんは気にするそぶりもなく、注文も聞かず、マイルドコーヒーを入れ始めた。

四十年前と同じカウンターをはさむ英治さんとふみ子さん。最も繁盛していたころ、伏見地下街の外に二号店を開こうと考えたこともあった。「人生を振り返るには早いけど、僕はこれで良かったと思う」「うん」

夫妻の店の並びには最近、若い人たちが店を開くようになった。四十年前の二人のように。「みんなこつこつ頑張っている」。英治さんが背筋を伸ばして見つめる先に、二〇〇九年五月にオープンした靴の修理店「DEALS《ディールズ》」があった。

靴修理

「はみ出し者」の自分にとって、伏見地下街は居心地がいい。

革靴などの修理店「DEALS《ディールズ》」を営む石原元樹さん(37)は、子どものころから集団行動が苦手だった。人と同じペースで何かをすると、息苦しくなる。

高校卒業後、人の少ない職場を探した。地元の岐阜県関市の隣、岐阜市の修理店でアルバイトを始めた。こだわりだすと止まらない性格でもある。店の人たちが流れ作業で、どんな靴でも同じ直し方をしているように見えて、耐えられなくなった。

名古屋市へ出て修理店を渡り歩いたが、自分が納得できる仕事をする人はほんのわずか。上司や先輩に気を使うのにも疲れた。ただ、一足一足に合わせたきめ細かな修理をする職人に巡り合い、「自分もこうなろう」と思えた。

勤務時間に縛られず、靴と思う存分向き合うには、自分の店を構えるしかない。「革靴を履いたビジネスマンが行き交う伏見地下街ならぴったりだ」。店同士のしがらみが目立たない、マイペースな雰囲気も気に入った。二〇〇九年五月にＤＥＡＬＳを開いた。

「父の形見の革靴です」「このレザーブーツ、昔、学生時代に履いていたんだよ」。思い入れのある靴が持ち込ま

修理を待つ靴に囲まれ、作業に没頭する石原元樹さん＝中区錦2で

れることも多い。染み込んだ記憶を丁寧にひもとくように、時間を忘れて修理に打ち込む。仕事はつい深夜に及び、体調を崩すことも。誠実な仕事が評判となり、常連客は増えていった。

それでも、一四年に後藤謙太郎さん（37）と出会うまでは、自分のことしか考えていなかった。後藤さんは一六年一月、四軒隣にオープンしたハンバーガー店の店主。初めて会った時は、単に修理の靴を持ち込んだ客だった。

初めてできた仲間

履き込んでかかとがすり減り、赤茶色が薄くなった革靴。石原さんが修理を終えて返すと、「こんなに元の状態に近付くんだ」と驚いてくれた。

その後も別の靴の修理を頼まれるうち、家族や趣味の話に花を咲かせるように。同い年でもあり、なぜか気が合った。「ハンバーガーの店を開きたい」と打ち明けた後藤さんに、石原さんは「柄にもなく」、伏見地下街での商売について熱心にアドバイスした。

後藤さんが店を始め、さらに仲は深まった。酒を酌み交わしながら「一緒に地下街を盛り上げよう」と語り合う。一緒に並びの「伏見珈琲《コーヒー》館」でくつろぎ、マスターから商売のアドバイスをもらうことも。昔の石原さんなら考えられない姿。同じ目標を持つ、「仕事仲間」と呼べる初めての存在ができたことが、意外にもうれしかった。「この地下街が自分の居場所」。店も、地下街も、もっと良くしていきたい。

石原さんや後藤さんのように、熱意を持つ若者たちが地下街の支えになりつつある。そんな彼らの応援団長とも呼べるのが、伏見地下街協同組合理事長の小池建夫さん（70）だ。

嫌われ役

嫌われても、結果が良ければいい。

「商売したい人の邪魔をするのはやめてくれ」。二〇一五年十二月に開かれた伏見地下街協同組合の理事会。理事長の小池建夫さん（70）は理事の古参店主らを見回し、声を荒らげた。

空き店舗への入居を希望する若者が増え、新しい店が既存店と競合しないか事前審査をしては、という案が出ていた。「誰でも自由に商売すべきだ」と事前審査に賛成する声を封じた。

八人きょうだいの末っ子。小学校高学年のころ、母親と訪ねた占い師に「きょうだいの中であなたが一番商売に向いている」と言われて以来、「自分は商売人になるんだ」と思ってきた。

大学卒業後しばらく、名古屋駅近くにあった実家の貸衣装店で働いた。二十五歳のとき、不動産業をしていた兄の一人に頼まれ、一等地を転売する「地上げ」の手伝いをした。「これはもうかる」と気付き、すぐに自分で不動産業を始めた。

「天から金が降ってきた」と感じるほど簡単に、大きな利益が出たこともある。四十歳のころ、「紳士や名誉の象徴」と思っていたゴルフ場の経営を夢見て、津市で用地買収の交渉を始めた。

交渉相手は二百五十人以上。一人でも反対すれば、計画は頓挫する。早朝でも深夜でも、自宅にいる時間を見計らい、訪ねた。土下座して「話だけでも聞いてください」と頼んでも、窓から手土産を投げ捨てられたこともあった。

ある地権者には「話を聞いてほしいなら、うちの山の草刈りをしろ」と言われた。友人にも協力を頼んで真夏に半月ほど草を刈り、やっと耳を傾けてもらえた。地権者の画家に気に入ってもらおうと、その人の作品を探して買い集めたこともある。月日とともに「お前の言うこと、わかったわ」と言ってくれる人が増えていった。

愛情込めて厳しい言葉

用地買収を始めて三年以上たった一九九〇年、念願の「津カントリー倶楽部」を開いた。うそをつかず、ひたすら粘り強く交渉を続けた成果だと思っている。その地権者らとは今も付き合いがある。そんな「地上げ屋」はほかにいないと、自負している。

約十年後、伏見地下街にかかわることに。自分を不動産の世界に引き入れた同じ兄に「長者町一帯の活性化に協力してくれ」と頼まれた。五年掛けて地下街の五十三店舗分の区画のうち二十店分を買い占め、〇七年に六代目理事長となった。

国際芸術祭「あいちトリエンナーレ2013」では、場所を探していた台湾のアーティストに「地下街をすべて使ってい い」と勧めた。通路の壁に立体的に見える青い階段が描かれ、出入り口の建屋は真っ青に。昭和の雰囲気と現代アートが交じる空間となった。

一五年十一月、小池さんの区画を借りた「HANDSOME BURGER」がプレオープンすると、空き店舗を探す若者の間で伏見地下街が話題になった。店舗が埋

伏見地下街の改革を試みる小池建夫さん＝中区錦2で

まらなかった苦しい日々がうそのように、別の区画の入居希望者も現れ、同年十二月と一六年二月には立ち飲み屋二軒が開業。ともに、にぎわっている。「撤退する店があると、雰囲気が悪くなる」。そう思い、長続きしなさそうな希望者を断ったことも。それでも、複数の飲食店がまた入る予定だ。

手をこまぬいていたら、伏見地下街は衰退してしまう。「今がチャンス。地下街の未来のため、皆で一気に盛り上げないと」。思いがあまりに強く、変化をためらう昔からの店主につい厳しい言葉を吐くことも。「熱すぎる」思いに、激励を受ける若手店主さえ、最初は苦手意識を持ち、前向きに受け止めるのに少し時間がかかる。

嫌われたいわけではない。ただ、若手たちが地下街を引っ張る日までは、嫌われ役を買って出る。

記者の一言

真っ青な建屋へ入り、階段を下りると、ゆっくりとしたテンポの音楽が聞こえてくる。有線ラジオのピアノやギターのアコースティック演奏が常に、通路に流れている。昭和と現代が入り交じった異空間に足を踏み入れたような不思議な感覚に包まれる。

昼にハンバーガーを食べ、喫茶店でコーヒーを飲みながらくつろぐ。夕方からは立ち飲み屋をはしご。そんなぜいたくな時間を過ごせる。年配のお客が順番を待つ理容室で列に並び、女性店長の軽快なトークを楽しみながら散髪してもらうのも、お勧めだ。

記事に登場した店主らとは、伏見珈琲館でのんびりしていたら、いつかは遭遇できる。みな気が良く、話し相手になってくれるはずだ。朝晩は、警備員の一田浩史さんを見つけて、声をかけてほしい。心が穏やかになる空間。筆者にとっても、プライベートを楽しめる大切な場所だ。

（伊藤　隆平）

街角トピック

伏見地下街が「長者町地下街」としてオープンしたのは、名古屋市営地下鉄が開業した翌日の1957年11月16日。名駅地下街、栄町地下街（現栄地下街）より一日遅かったが、繊維問屋の出店ばかりが並ぶ珍しさで話題を呼んだ。99年3月1日、ほとんどの繊維店が閉まっていたことから、伏見地下街に改名した。開設当初から営業している店はもうない。

昔ながらの面影が残るのは、50年以上の歴史がある婦人服店。昭和の歌謡曲やロックを中心に流す喫茶店もあり、「伏見珈琲館」以外でもタイムスリップ感覚を味わえる。

出入り口の建屋や通路に青と白で描かれた忠犬ハチ公や階段は、昭和がテーマ。その階段はトリックアートでもあり、上に立つと、角度によって本当に上り下りしているように見える記念撮影スポットだ。

栄寄りの一番東の出入り口「E」を入ってすぐの「伏見地下街協同組合」の事務所を訪ねると、事務員の天野桂子《けいこ》さんが見どころを教えてくれる。

「お店の歴史についても聞いてください」と天野さん。99年2月から事務員として働き、地下街の近年の変化をよく知っている。理事長の小池建夫さんもきっと、時間があれば地下街の未来について熱弁を振るってくれる。

第6話 笠寺観音

1300年の歴史がある名古屋市南区の笠寺観音。戦火を免れた寺と周囲の町並みには今も、人のぬくもりが宿る。町に集う人々の物語をつむぐ。

ふれあいの市

ハイヒールで石畳を急ぐ女性の靴音、地蔵の前で「今日も一日健康で過ごせますように」と手をすり合わせる背中の曲がった男性の祈り。セーラー服の女子高生やスーツのサラリーマン、リュックサックを背負った自転車のおばちゃんも行き交う。午前七時すぎ、笠寺観音（名古屋市南区笠寺町）の境内に日常の音が響きだす。

月に三度、六の付く日は、露天商がテントの支柱を組み立てる金属音が加わる。「ごめんよ」、「はい、いらっしゃーい」。団子に果物、肌着、履物…。雑多な四十～六十店が集う、「六の市」の始まりだ。

「塩サバ、いいの入ってるよ」。四枚半のベニヤ板に魚の干物を広げた野田正嗣《まさつぐ》さん（43）＝春日井市八田町＝が、女性客に声を掛けた。「きのう息子が退院したでね。もらおうかな」。いち押しの品や調理の方法に限らず、家族の近況へと話題は広がる。

守山区出身の野田さんは、十八歳で陸上自衛隊に入隊。兵庫県姫路市の駐屯地に勤めた後、同市で始めた居酒屋の経営に行き詰まり、千八百万円の借金をつくった。「店のドアが一日中開かなくて苛々したこともあった」と、客を待つ商売の辛さを振り返る。

名古屋に戻り、トラック運転手として睡眠時間を削って完済。「やっぱり商売が好き」と五年ほど前に露天商になった。人が集まるところに市を開く「攻めの商売」が性に合ったのか、イワシやサンマなどわずか五種類で始めた店は、五十以上の品を扱うまでになった。

境内の支え合いつなぐ

市内外の市を巡る中で、始めたころから出店している笠寺観音の客は常連がほとんど。隣近所のつながりが濃く、口コミであっという間に評判が広まった。好みや家族構成を覚えて品物を薦める野田さんを信じ、値段を見ないで買ってくれる客も多い。「息子の弁当の残り」とサンドイッチをくれる女性もいる。「ずーっとひいきにしてくれるお客さんを裏切るわけにはいかないよね」

六の市の世話役で、父親の代からこんにゃくを販売する松下宗仁《むねひと》さん（48）は「この商売は客との信頼がすべて。こわもての割にかわいがられている」と、百二十キロの巨体で手早く客の手提げかばんに干物を詰める野田さんの姿に目を細める。「時代遅れの商売と言われればそれまでだけど、『ここにくると楽しいわ』と言ってもらえたら」と話す。

戦後まもなく笠寺観音の周辺で始まった市は、道路の規制が厳しくなり、昭和四十年代に境内に移った。客と寺と市と。互いに支え合ってきた歴史をつなぎたいと松下さんは願う。休み

35

笠寺観音の境内で開かれる「六の市」で干物を売る野田正嗣さん(中央右)＝南区笠寺町で

の店があると、店主の安否を客の側が心配する。赤ちゃんを連れた若い母親が、偶然隣に立ったおばあちゃんに品物の解説を頼む―。そんな光景に、姑に連れられてきた三十代の女性は「対面ならではの温かみを感じる」と目を細める。「お祭り的な感じが楽しくて、毎回来ちゃう」という人も。

高齢の女性客が野田さんにあめを握らせた。別の客がすかさず「いいねえ、彼女がいて」と大きな声でちゃかす。周囲の店にまで、笑い声が広がった。

やすらぎの場

笠寺観音（名古屋市南区）の門を出て旧東海道を西に三分ほど歩くと、二階建て空き店舗の開け放たれたガラス戸から女性の笑い声が響いてきた。通り掛かった男性が思わず中をのぞき込むほどの大きな声。

笠寺のまちづくり団体「かんでらｍｏｎｚｅｎ亭」のメンバーで笠寺観音から七十歩という距離に住む元小学校教諭、野原靖子さん（68）が週一回、旧金物店を使って開いている「かもん教室」。持ち寄った古着を小物などにリメークする。教室といっても二十人ほどの参加者の多くは高齢の女性。学ばなくても手芸の技術は十分ある。「だんなの悪口でストレス発散よ」と話し、また笑う。

野原さんは、かもん教室を始めた一カ月後の二〇〇九年十一月、地元のアマチュア落語家らを招く「かんでら寄席」も始めた。客の一人、福原伸二さんが「紙芝居をやらせてもらえませんか」と言ってきたのは、一年が過ぎたころだった。

転勤族で〇〇年ごろ同区駈上に越してきた福原さんは、妻久美子さん(65)の笠寺観音参りに付き合ううち、その歴史の豊かさに魅了された。織田家と今川家が同寺で繰り広げた松平竹千代(後の徳川家康)の人質交換、仕官を待つため近くに滞在していた剣豪宮本武蔵…。史実を題材に小説を書き、紙芝居にして寄席で披露した。

福原さんはペット食品メーカーに勤める技術者で、

古着のリメーク教室で"生徒"たちと笑い合う野原靖子さん(中)。人と人の縁も結ぶ=南区笠寺町で

久美子さんの知る限り、それまで小説を書いたことはなかった。「文が浮かんできた」とうれしそうに話す姿に驚いた。

自分らしく過ごす

その小説の出版に乗り出したのが、野原さんの高校の同級生で同区呼続町出身の画家佐田保さん(68)＝富山市。大学卒業まで呼続で暮らし、子どものころ遊び回った笠寺の商店街のシャッターが下りていくことに心を痛めていた佐田さんは、野原さんとともにｍｏｎｚｅｎ亭に加わり、富山から笠寺に通って町並みを描いていた。

「笠寺観音の池に入ってカメをつかんだり、鬼ごっこをしたり。『六の市』も毎回楽しみだった。そのまちが寂しくなっていくのに、自分が何もできないのが辛かった」

小説を知り、「ここにしかない貴重な物語」と魅了された。一四年四月、一年限定で自ら家賃を支払って商店街の空き店舗に移り住み、福原さんと話し合いながら原稿に手を入れ、挿絵を付けた。

本が完成したのはその年の秋。手にした福原さんは「自分の生きざまの集大成」と涙を流した。十二月、がんに侵されていた福原さんは、六十八歳で亡くなった。野原さんと佐田さんとの出会いに、最後まで感謝していたという。妻の久美子さんは「二人との交流の中で小説にのめり込んでいった。人とのつながりが大きかった」と振り返る。

食道がんで体調を崩していた佐田さんも、笠寺での滞在を早めに切り上げ、十一月に富山に戻った。今でも、新たに笠寺の水彩画を描いては、自身のフェイスブックに掲載している。

人々のふれあいの場をつくり続ける野原さんは、「好きというより、楽」と笠寺への思いを話す。着飾ったり、虚勢をはったりせず、自分らしく過ごせる場所なのだ。遠い北陸の町に暮らす佐田さんにとっても、ひょっとしたら天国の福原さんにとっても。

トライ&エラー

笠寺観音（名古屋市南区）の周辺で活動するまちづくり団体「かんでらmonzen亭」の始まりは、二〇〇六年夏の二人の出会いにさかのぼる。

一人は、愛知県職員で弥富市出身の青山知弘さん（51）。当時は内閣官房へ出向し、全国各地のまちづくりを支援していた。〇七年四月に県に戻ることが決まっており、「蓄積したノウ

10年前、初めて出会った「ミハル」で、笠寺の将来を語り合う伊藤邦一さん(左)と青山知弘さん。ゆったりとした時が流れる＝南区笠寺町で

ハウを今度は自分で試したい」と休日に名古屋に戻るたび、いくつかの町を歩いた。

そんなある日、笠寺を訪れ、一目ぼれした。歴史情緒を漂わせる旧東海道に、雑多な商店の看板が並ぶ路地が絡み合う。統一感があるようでない町並み。人の営みの温かさと、型にはまらない面白さ――。思わず「ただいま」と言ってしまいそうな、懐かしさを感じた。

外から地域に入るボランティアと、地元住民が対立する事例をいくつも知っていた青山さん。手始めに、笠寺観音商店街のホームページの掲示板に、「この町が気に入った。住むところを探している」と書いた。

組合員同士の意見交換で使っていた掲示板に、突如舞い込んだ書き込みに目を留めたのは、同商店街振興組合理事長で喫茶店「ミハル」のマスター伊藤邦一さん(67)。「どういう人なのか」。疑念を抱きつつ、「それなら一度遊びにくれれば」と返事をした。

それから一、二週間ほどして、青山さんがミハルを訪ねてきた。イタリア・フィレンツェを引き合いに笠寺の将来を語る姿に、「オーバーなやつだな」と心の内で突っ込みを入れたが、地域を良くしたいという思いは伝わってきた。気付けば、旧東海道を歩行者天国にして互いに好きなビートルズの曲を流すオープンカフェの構想がまとまっていた。伊藤さんは「初めて会った感じがしなかった」と振り返る。

ゆるく長く

オープンカフェは結局実現しなかったが、青山さんが出向を終え、近くのマンションに越して来た〇七年四月、monzen亭ができた。

二人のモットーは「トライ&エラー」。とりあえずやってみて、地域に合ったものが残ればいい。商店街でミツバチを飼う都市養蜂や笠寺観音の亀池再生プロジェクト、歌声喫茶などが定着する一方、イベントの参加者に配って古本と引き換える地域通貨「フルホン」など、消えていった事業も少なくない。

あえて会員制をとらず、月に一度ミハルで開く定例会は誰でも自由に参加できる。実際、設立の会合に集まったメンバーで、今も残るのは青山さんと伊藤さんだけ。monzen亭はいわば器で、地域のためにやりたいことがある人が、やりたい時にやってきて、利用すればいい。

そんな姿勢は地域に少しずつ浸透している。「不良会員」を自称する地元住民の一人は、「わがままを聞いてくれるし、何も強制されない。良い距離感がある」。南区外のメンバーも多く、「色んな人が来るから地元の刺激になる」と話す。

二人の出会いから十年。「まちづくりにゴールはない」と話しつつ、今後の目標を「千年続けること」と青山さん。「また虚言癖が出た」とあきれる伊藤さんもまんざらではなさそう。急ぐことはない。歴史あるこの町には、ゆったりした時間の流れがふさわしい。

脱サラ

昨年六月、名鉄・本笠寺駅（名古屋市南区）の西側に開店した「七徳」は、周辺住民に小さな驚きをもって迎えられた。

「夏に入られたもんで、特にねー」。近くに住む店の大家、近藤孫次さん（88）は、新しい借家人の商売を初めて知った時の印象を振り返る。七徳は、季節を問わず焼き芋だけを扱う店なのだ。

店主は岡田俊之さん（57）＝緑区鳴海町。二〇一四年六月末、三十年以上勤めた名鉄に別れを告げ、今は二十五平方メートルの小さな店で、遠赤外線のオーブンで宮崎県産のサツマイモを焼く。

西尾市出身の岡田さんは、和歌山大を卒業後、名鉄に就職した。大手企業で多様な事業に触れたいと思った。望み通り、鉄道業務を皮切りにリゾートホテルや空港、スポーツクラブなど、さまざまな職場を巡った。

だが、「自分らしく」と力むあまり、必要以上に上司に反発するようになった。居心地が悪くなり、職場での人目が気になった。「鬼みてえな顔して仕事して

かつて勤めた名鉄の本笠寺駅近く、焼き芋専門店の店頭に立つ岡田俊之さん＝南区呼続で

るなあ」。出向先の役員にそう指摘されるまでに追い詰められた。元々人付き合いや話すことが苦手で、「言いたいことの半分しか伝わらない」。次第に「人に使われない仕事がしたい」と考えるようになった。

辞めたい、と思うようになって頭に浮かんだのが、高速道路のサービスエリアに勤めた際、レストランの客に「おいしかったよ」と声を掛けられた時の喜び。そして碧南市の焼き芋専門店で食べたねっとりした味わい。従来の焼き芋観を覆され、自ら手掛けたいとの思いを募らせた。

心に余裕　笑顔絶やさず

「辞めさせてください」。自宅のリビングに正座し、妻香奈さん（52）に頭を下げた。返事はなかったが、その半年後、退職した。

店ではその日焼いた芋だけでなく、二、三日冷ました焼き芋も出す。「熟成」させると、蜜が皮の外に染み出すほど甘さが増す。皮をむいて凍らせたアイス焼き芋も考案するなど工夫を重ねる。

開店から三、四カ月ほどして、元上司が家族を連れて店を訪れた。仕えていたころ、「好きじゃない」と思っていたことは、上司も感じていたはず。それでも来てくれた。

最近、気付いたことがある。お客さんを呼んでくれるのは、口コミを広めてくれるお客さん。自分で何とかしようともがいていた会社員時代、周囲の助けを受け入れる心の余裕を失っていた。反対していた香奈さんも、今は厨房《ちゅうぼう》用品の準備などでさりげなく応援してくれる。

店を開く直前、岡田さんは胆石の手術で一週間ほど入院した。研修中の新人看護師はいつも笑顔を振りまき、周囲を明るくしていた。

同じ初心者として、自分もそうありたいと思う。いまだに黒字の月はなく、退職金を取り崩す日々。それでも笑顔は絶やさない。客を送り出すため店のガラス戸を開けると、「ガタン、ガタン」と名鉄の電車の音が聞こえてきた。

若者たちの挑戦

「本当に成り立つのかな」。愛知淑徳大星が丘キャンパス（名古屋市千種区）で地域活性化を教える林大策准教授（47）が心配したのも無理はない。南区の笠寺観音商店街に若者を呼び込むため、昨年、ゼミの学生七人が空き店舗の旧金物店で開いたのは、「本を読まない読書会」だっ

笠寺観音商店街に若者たちの声が響く。異色の読書会を開く愛知淑徳大の学生ら。
平野衣理佳さん（左端）ら3年生は藤田かおりさん（右から2人目）からバトンを引き継いだ＝南区笠寺町で

たからだ。

笠寺観音まで徒歩十分弱の同区戸部町で生まれ育ち、中心になって企画した当時三年生の藤田かおりさん(21)は「私以外、みんな読書は苦手だったんです」と振り返る。

本を読むきっかけはほしいけれど、事前の読書を参加の条件にすると、たぶん人は集まらない──。自分たちの感覚を信じ、異色の企画を進めた。

九月の初回、テーマにはお笑い芸人の又吉直樹さんの小説「火花」を選んだ。フェイスブックなどで募った参加者に、引用を交えてＡ４判二枚にまとめたあらすじを配布。登場人物の気持ちを推し量る質問などをもとに話し合った。

事前に読んでいないだけに、議論は小説の筋を軽々と超える。先輩芸人と後輩の話なのに「これって恋愛小説じゃない」といった発言が飛び出した。「いろんな解釈が生まれておもしろかった」と藤田さん。

開催は仕事や学校帰りに参加できる午後七時から。「にぎやかな大須」や「おしゃれな覚王山」に住む大学の友人と付き合ううちに、「夜若者が集まれる場所を作りたい」との思いが芽生えた。南区は市内で高齢者の割合が最も高い。ただ笠寺観音の近くにあるスーパーでアルバイトをした時に、「ちゃんと若者も住んでいる。おしゃれな雰囲気で入りやすい場所があれば人は集まるはず」との実感も得ていた。

「地元愛」後輩に継承

グループの名前はロシア語で「夕暮れ」を意味する「すーみるきぃ」にした。インターネットで検索した言葉で、「妖精的で、響きがかわいくないですか」と笑う。

読書会は空のワインボトルに電飾を入れ、部屋の電気を消すなど非日常的な空間を演出した。二〇一六年三月までに「星の王子さま」「ぐりとぐら」などを取り上げて計四回開き、地元の会社員や学生ら二十代を中心に毎回十人前後が集まった。ゼミの一環だった企画は、大学の事業として認められるまでになった。

藤田さんらが就職活動で忙しくなり、一月の三回目からは平野衣理佳《えりか》さん（20）＝緑区滝ノ水＝ら後輩の三年生が引き継いだ。

平野さんは工作機械メーカーに勤める父の転勤で、幼稚園の年長のときに渡仏。年に一、二回、市内の祖父母を訪ねると、菓子とつくだ煮を交換したり、玄関先で競馬の予想に興じたりする濃厚な近所付き合いを目の当たりにした。「昭和的な人付き合い」が、母国の姿だと思った。

小学四年で帰国すると、現実は違った。自宅は新興住宅街で、二軒隣に誰が住んでいるのか分からない。私立の中学に進んだこともあり、地元の友だちは少なく、「昭和」への憧れが一層募った。

笠寺の町並みに昭和のにおいをかぎ取った平野さんにとって、先輩からの引き継ぎは渡りに船。「人と人の距離が近づく環境をつくりたい」

一方、読書会の道筋をつくった藤田さんは来春、東京のベンチャー企業に就職する。でも、どこに行っても、たぶん笠寺が一番。「何年後になるか分からないけど、地元に恩返しをしたい」。それまで、平野さんたち後輩が「地元愛」を引き継ぎ、育ててくれると信じている。

記者の一言

笠寺観音周辺のまちは、こぢんまりとしている。商店街の店舗数は減少しており、取材した学生は「シャッター街」と、率直過ぎる言葉を漏らした。

実際にまちを歩いても、にぎやかさは感じないし、由緒ある笠寺観音にしても、外国人観光客で盛況というほどではない。

取材の合間に、昭和の趣を残す店で、コーヒーを飲んだり、ホルモン焼きを食べたりすると妙にのんびりした気分になった。まちづくり団体の「かんでらｍｏｎｚｅｎ亭」は、張り切りすぎず、このまちのペースに合わせて活動している。

何も伸び盛りの勢いや元気のあるまちだけが魅力的なわけではない。周辺の大通りの喧噪から距離を置き、独特の時間の流れを残す笠寺を、私はとても気に入っている。

（立石　智保）

街角トピック

名古屋市南区の笠寺観音は名古屋城を中心に恵方が巡る尾張四観音の一つで、節分は特に参拝者でにぎわう。1300年の歴史があるとされる。

正式名称の笠覆寺は、雨に濡れた観音様に貧しい女性が自分の笠を被せたとの故事にちなむ。この女性は平安時代の太政大臣藤原基経の三男兼平に玉照姫として嫁いだとされ、境内の玉照堂は夫妻をまつっている。本堂の改修や新護摩堂の建設などの再整備事業が進んでおり、2019年の完成を目指している。現在の本堂が建立された250年前以来の大規模な改修という。

東海道沿いにあり、近くには江戸時代に一里の目印にと木を植えた一里塚が残る。戦火を免れたため、周辺には趣のある木造建築が多く、散策を楽しむ人の姿もみられる。笠寺観音商店街は、現在は40店ほど。まちづくり団体の「かんでらmonzen亭」は、商店街で都市養蜂を営んでおり、一部の商店で「観音はちみつ」を購入することができる。

団体名の「かんでら」は、昭和30年代ごろに地元の子どもが使っていた笠寺の俗称にちなむ。

第7話 豊明団地

建設から45年の時がたった名古屋市郊外にある豊明団地（愛知県豊明市）。五階建ての建物が55棟並ぶ巨大団地だ。都市再生機構（UR、旧・日本住宅公団）が開発したかつてのニュータウンは、住民の四人に一人が高齢者となった。

高齢化が進む団地だが、近年では仕事を求めて来日した日系ブラジル人や、近接する藤田保健衛生大の学生たちが入居している。昔からの住人に、新しく住み始める人。第7話は、さまざまな人が関わり合いながら生きる、団地の今を伝える。

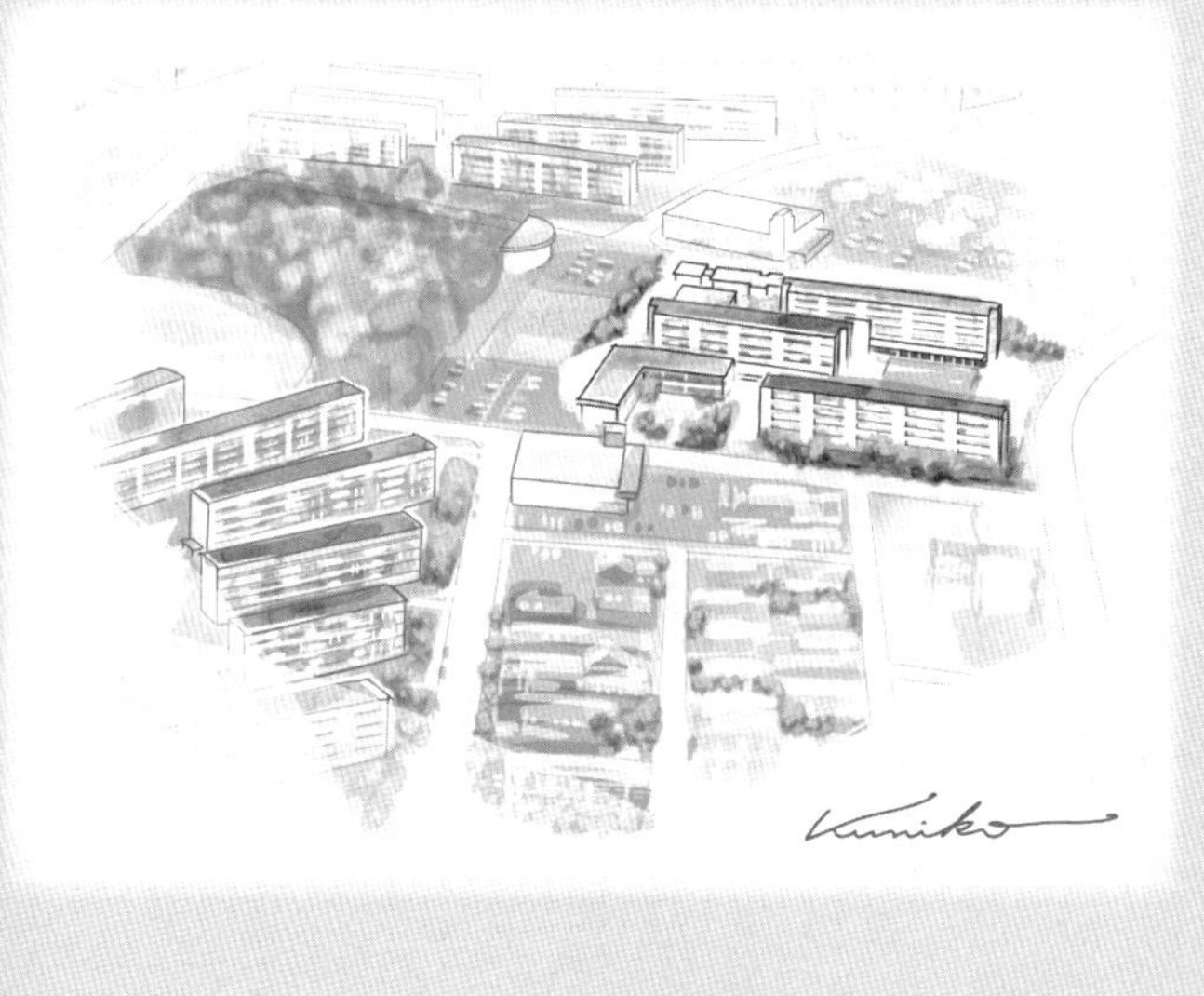

一人暮らし

陽が差し込む部屋に掛かったカレンダーには、予定がびっしり。火曜日は掃除のヘルパーさんが来る日。木曜は「いきいき体操」で、金曜はリハビリの会、土曜は地域の交流会…。蓑手《みので》福美さん（87）の毎日は、結構忙しい。予定がなくても、天気が良ければ散歩や買い物に出掛ける。カレンダーに赤いマジックで書き込まれた「4356」「5981」の数字は、その日歩いた歩数。「友達が入ってる施設にも、押し車で遊びに行くよ」

豊明市の西部、緑に囲まれた高台に五十五棟（二千三百十七戸）が並ぶ「豊明団地」。エレベーターもない、高度経済成長期の昭和四十年代に建てられた建物の一階に、蓑手さんは暮らす。

八人きょうだいの長女として戦前の一九二九（昭和四）年、鹿児島県大口市（現在の伊佐市）に生まれた。看護師として働いていたときに地元の男性と結婚。その後は夜勤のない仕事を探し、土木作業や清掃の仕事をしながら四人の子を育てた。

集団就職で愛知県の自動車関連会社に就職していた次男の上司に誘われ六八年、給料のいい仕事を求めて夫婦で愛知へ。車のテールライトの検品作業に、老人ホームでの家政婦など、その後も休みなく働いた。働いて貯めたお金でバブル絶頂期に念願のマンションを購入したが、夫は直後の一九八七年、白血病で亡くなった。バブル崩壊後の九五年ごろには同居していた長男の商売がうまくいかなくなって手狭な市営住宅に移ることになり、蓑手さんは職場に近い団地で一人暮らしを始めた。

毎日充実「寂しくない」

ずっと働き続け、まだヘルパーの仕事をしていた七十三歳の時、入浴中に脳梗塞に襲われた。床をはって何とか電話台にたどり着き、自ら救急車を呼んだ。左手足にしびれは残ったが、一命を取り留めた。

脳梗塞をきっかけに仕事は辞めたが、足腰はまだ丈夫だし、やることもたくさんある。午前中は好きな本を読んだり、掃除をしたり。四人の子どもは県内や北海道、鹿児島でそれぞれ家庭を持ち、その後も別々に暮らしている。「午後になったら外に出掛けるし、ぜーんぜん寂しくない。一人でも平気」とあっけらかんと話す。

帽子をかぶってリュックを背負い、押し車を片手に部屋のドアを開けて、「さあ、出発」。この日は少し離れた棟に住む、友人の坂本さん夫婦の部屋へ。道中の坂道も、ペースを変えずにてくてくと歩く。

大阪出身の坂本明子さん(82)とは、団地に住み始めて以来の友人だ。坂本さんは子育てを終えたころの八九年に団地に引っ越し、夫の末広さん（85）と二人暮らし。三人でカラオケによく通ったが、末広さんは今、寝たきりだ。

「私の顔見て。またカラオケいこな、坂本さーん」。蓑手さんが居間のベッドに横たわる末広さんの顔をのぞき込む。末広さんはニヤリとして、「坂本さん言うてくれる女の人、もう他におらへん」

午後の日差しが、八十の坂を越えた三人を穏やかに包む。年を重ねても、住み慣れた団地で元気に暮らしてほしい—。団地の近くにある藤田保健衛生大は昨年、そんな願いを込めて、団地内の空き店舗に「ふじたまちかど保健室」を開いた。

愛車の押し車を手に玄関を出る蓑手福美さん。
ズボンのポケットには必ず歩数計が入っている＝豊明市二村台で

まちかど保健室

「楽しく出掛ける先があって、笑って過ごす。これが大事なことですよ」

豊明団地で藤田保健衛生大が開く「ふじたまちかど保健室」の体操教室。同大講師で理学療法士の都築晃さん（41）が高齢者らに優しく声を掛けた。六十代から八十代まで、参加する高齢者には笑顔が絶えない。都築さんは二〇一五年三月、保健室の開設に合わせて単身、団地に移り住み、看護師らと共に住民の健康相談に応じたり、ミニ講座を開いたりしている。

三年前まで、同大病院で、若手の理学療法士らを指導していた。リハビリで回復する患者は多いが、一度は良くなったのに、なぜか何度も戻ってくる人がいる。

「自宅に帰っても生活習慣が直らず、また悪くなるのでは」。脳裏に、新米の理学療法士だったころの記憶がよみがえった。

一九九九年のこと。都築さんは月二回、滋賀県北部で「訪問リハビリ」の応援をしていた。伊吹山麓の雪に閉ざされた地域。四駆の軽自動車に雪かき用のスコップを積み、高齢者宅を巡回した。介護保険制度が始まる前の時代。ある日、患者の家族に「障害のある人間は見せられない」と患者と会うことを拒絶された。体を動かすために外出を進めたが、患者本人にも「家から外に出ることは難しい」と言われた。外を歩くことは、体力の向上にもつながるし、人とつながりを作ることでもある。「リハビリのスタート時点で反対されて、ショックを受けた」

一生懸命に指導しても、リハビリを頑張る患者を支える環境がなければ、体の機能は落ちてしまう。「あの時、高齢者の自宅を回って経験したことが今の活動のベースにある。高齢者が元気でいられるシステムを地域でつくりたい。そのためには、同じ目線で課題に向き合い、発言しないと、地域の人に届かない」

高齢者のことを考えるには、高齢者を知ることが一番。同大は昨春、学生を団地に住まわせるプロジェクトも始めた。現代風に改修された団地の四、五階の空き部屋に、今は三十五人が暮らす。都築さんは学生たちの指導役でもある。

ともに住み　看護学ぶ

看護学科四年の愛敬小百合さん(21)は団地に住む一人。最初は「大学に近くて家賃が安い」から入っただけだった。だが一五年度、団地の学生のリーダーとして高齢者との交流会や買い物支援を企画し、日々団地で暮らすうち、気付いたことがある。

つえをつき、「ぜーぜー」言いながら、上階の部屋まで階段を上るおじいちゃん。ほとんど外出しない一人暮らしの人。高齢社会ニッポンの縮図がここにあった。

今は一七年二月の看護師の国家試験に向けて勉強しながら、卒業研究の準備に追われる。卒業研究では、「どうすれば一人暮らしの高齢者の外出の機会を増やせるか」を取り上げる予定。地元の自治会に協力を依頼して、団地の高齢者にアンケートをするつもりだ。

忙しい中でも、団地で後輩らが活動する日には顔を出す。この日は、団地自治会が主催する清掃活動。「面倒くさいと思ったけど、やると楽しいね」。晴天の下、そろいのビブスを着た学生らの楽しそうな声が響く。

休日の朝、清掃活動に参加する都築晃さん（右）と愛敬小百合さん
＝豊明市二村台で

「最初はやらされている感があっても、やっているうちに、いつしか使命感に変わるんだろうね」。都築さんも一緒に歩きながら、茂みの中まで入って、吸い殻や空き缶を拾う愛敬さんたちを見守る。

「この団地に、このまま住むんだろ」。都築さんに問われ、愛敬さんは笑顔で「できれば…」と答えた。

「お年寄りの人と直接話して、困っている話を聞けたことが、地域のことを考えるきっかけになった」という愛敬さん。患者の立場になって考える看護師になることが、愛敬さんの夢。「まちかど保健室」の向かいにある日本語教室にも明かりがつき、さまざまな夢を抱く子どもたちが、集まってきた。

日本語教室

子曰《い》はく、「学びて時にこれを習ふ、また説《よろこ》ばしからずや」

豊明市の豊明団地にある商店街。辺りが暗くなり、街灯の光がついてからも、ある「店舗」には子どもたちが続々と自転車で集まってくる。

二〇〇九年にオープンした日本語教室「プラスエデュケート」。団地や近隣に住む日系ブラジル人ら外国籍の子どもたちが、プラスエデュケートのスタッフや地元のボランティアに教わりながら、日本語や学校の勉強を学ぶ。

教室をのぞくと、最前列で中学三年の平松ユキヒロさん（14）が国語のワークブックを開いていた。学校で習ったばかりの、中国の思想家・孔子の言葉をまとめた「論語」。しかめっ面の理由は、漢文のレ点にあるようだ。

「ここがレ点でしょ。そうそう、よし！」。プラスエデュケート代表の森顕子さん（45）が、正しくできた書き下し文に大きく丸を付けると、平松さんは「やったね」と、目を見開いておどけた表情を見せた。

六歳の時、ブラジルから両親と日本に来た。当時話せた日本語は「バカ」と「アリガトウ」だけ。

小さいころは恥ずかしがり屋で、小学校に入っても、最初は全く言葉が分からず、「どうせしゃべれないから」と、ただ教室に座っていた。

父親に連れられてプラスエデュケートにやってきたのは小学二年のとき。最初のころは「算数が分からない」と泣きだした。通ううち、いつの間にか読み書きができるようになり、「自分でも何でできるようになったか分かんない。言葉って…すごいねえ」。今は体育大会のダンスや合唱会といった学校行事を楽しみ、ソフトテニス部の主将を務めるほど、学校にも溶け込んでいる。

平松さんを見守ってきた森さんは、愛知教育大で日本語教育を学び、卒業後は民間企業に就職した。教育の世界に戻ったのは、大学の同窓会で「日本語ができなくて勉強につまずき、不登校になる外国人の子どもが多い」と聞いたのがきっかけだった。

中国、トルコ、フィリピンも

日本人は大半が高校に進むが、外国人の進学率は約五割といわれる。身近で起こっている問題に、自分の力が生かせると思った。「学ぶ権利だけはちゃんとしないと」と決意し、自身の持ち出しでＮＰＯ法人を立ち上げた。「外国から労働者を呼ぶということは、そこで結婚して家族もできる。外国人が集住しているところでは、今、解決しなければいけない現実が起こっ

ているんですよ」。保証人が要らず家賃が安いため外国人が多く住む、豊明団地の空き店舗に教室を開いた。

扱うのは、来日して間もない子のための「サバイバルの日本語」から、学校の授業の復習、受験勉強まで。ブラジルのほか中国、トルコ、フィリピン国籍の子も集まり、同じ教室で宿題やテスト勉強に励む。中には、日常会話ができても、テストの問題文の日本語が難しく、思うように点が伸びない子どもも多い。「分からない」と言われれば理解できるまで、マンツーマンで丁寧に説明する。

中学になると、数学や英語など、とたんに勉強が難しくなる。中には家庭の事情で通えなくなる

プラスエデュケートで平松ユキヒロさん（中央左）に国語を教える森顕子さん（同右）＝豊明市二村台で

子も。「たとえ一、二年で成績が落ちても、来てくれてさえいれば、受験に間に合うのですが」

日本で生活していくためにも、高校には進学させたい。熱意のこもった指導で教室の生徒の高校進学率は１００％になり、ついに二〇一六年春、日系ブラジル人の女子生徒が国立大に合格した。月謝のほか自治体の補助や企業の寄付もあるが、運営はいつもぎりぎり。「正直、何でこの仕事を続けてるんだと思うこともある」と森さん。「でも、教室に子どもが来てくれて、『先生ありがとう』って言ってくれるから」

教室ににぎやかな声が響くころ、隣の小さな書店では、一人の女性が店の前に置かれた棚を片付け始めた。

本屋さん

豊明団地の広場に、子どもたちの声が響く夕方。団地商店街にある「豊明書店」を経営する加藤初恵さん（68）は、せっせと本棚の雑誌や絵本にはたきを掛けていた。

そこへ、団地に住む女性が雑誌を買いに来た。マスク姿の女性は、遊びに来た孫に風邪をうつされたらしい。「うちらも年だからね。気を付けてください」と加藤さん。女性は「おばあちゃんは孫が来るとうれしくて、つい頑張っちゃうんだよね」。二人は、ひとしきり話し込んだ。加藤さんのまとまった休みは正月とお盆だけ。「遠出ができないから、お客さんの旅行の話を楽しく聞かせていただいてます」と加藤さんは笑う。

◀先代から引き継いで書店を営業する加藤初恵さん。
店の前で、子どもたちが元気よく遊んでいた＝豊明市二村台で加藤さんが団地に住み始めたのは、結婚後の一九七五（昭和五十）年。自然に囲まれた新しい団地は人気だったが、幸い二回目の抽選で入居できた。

エレベーターのない五階建ての団地は、階段を挟んで各階に二軒ずつが並び、「十軒が縦の長屋のよう」。子どもを叱って「出ていきなさい」と言うと、すぐ友達の所に遊びに行ってしまった。親たちも同年代で、すぐに仲良くなった。朝、夫たちが出勤していくと、おかずやおやつを持ち寄って、子育て中のご近所さんの部屋に遊びに行った。「よその家の子どもも兄弟みたいにみんなで遊んでましたから。今のお母さんたちは、どうしてるのかな」

団地商店街にはスーパーやおもちゃ店、洋品店、美容院などがずらりと並び、近隣の町からも買い物客が来た。加藤さんはある日、幼い娘

のための絵本を買いに、当時は別の夫婦が切り盛りしていた豊明書店を訪れた。

五十平方メートルの小さな書店ながら、こぐま社の「こぐまちゃん」や福音館書店の「ミッフィーちゃん」など、人気の絵本シリーズがそろっていた。感激して通い続けるうち、「本が好きそうだから手伝って」と請われ、子どもが小学生になって手が離れた八三年ごろ、店でパートを始めた。

時代超え　子を見守る

二十年ほど前、店主夫婦が高齢を理由に店を畳むことになり、「できればあなたに店を譲りたい」と言われた。「年をとっても続けられるし、いいかも」と店を継いだ。

現在は、洋品店を退職した夫の勝さん（74）が手伝ってくれるが、最初は一人で店番や仕入れをこなした。「ジャンプ」や「りぼん」などの漫画雑誌が飛ぶように売れた時代。だが周辺にコンビニ店ができて雑誌を扱うようになり、団地の高齢化が進むとともに売り上げは落ちてきた。

それでも雑誌に絵本、児童書のほか、遊びに来る孫のために祖父母が買えるようにとそろえた値頃なおもちゃや文房具を求め、訪れる人は多い。加藤さん自身もおばあちゃんになり、近くに住む孫娘はプレゼントした絵本を手に何度も「読んで」とせがむ。

「母親だったころは忙しくて疲れてるから『もういいでしょ』ってなる。でもおばあちゃんになると、何回でも読めるんですよ」

時々、団地で育った子どもたちが、親になって書店をのぞきに来る。「まだあったんだ。ほんと変わらんわ、本のにおいも」。加藤さんは「まだあったでしょ？」と温かくかつての子どもたちを迎える。

団地がにぎやかだったころから子どもたちを見守ってきた加藤さん。書店の近くにある診療所にも、団地の完成とともに開業し、地域を見詰め続けてきた老医師がいる。加藤さんは、老医師の亡くなった妻を懐かしむ。「蘭子先生はね、スパッと言いたいことを言って元気な人。本当に素敵な方でした」

蘭子さんの夢

「おぶう（お茶）、ちゃんと飲め。お水やおぶうが足りんとな、調子悪くなるから」

急に暑くなったある日、医師の青木茂さん（82）は、豊明市の豊明団地で一人暮らしをしている原田喜美子さん（90）宅を訪れていた。

原田さんは前日、クーラーをつけずに寝てしまい、熱中症の症状を訴えていた。「昨日は頭がくらくらして、えらかった」と原田さん。青木さんは「蒸し暑いでね。夜もちゃんとクーラー入れないかん」と諭しながら診察する。足のむくみを気にしている原田さんに「腎臓の働きが悪いとな、むくみが出るけど、まあこれなら大丈夫だ」と優しく声を掛ける。

青木さんは自衛隊の病院を退職して一九七一（昭和四十六）年、名古屋のベッドタウンとして開発されたばかりの豊明団地で診

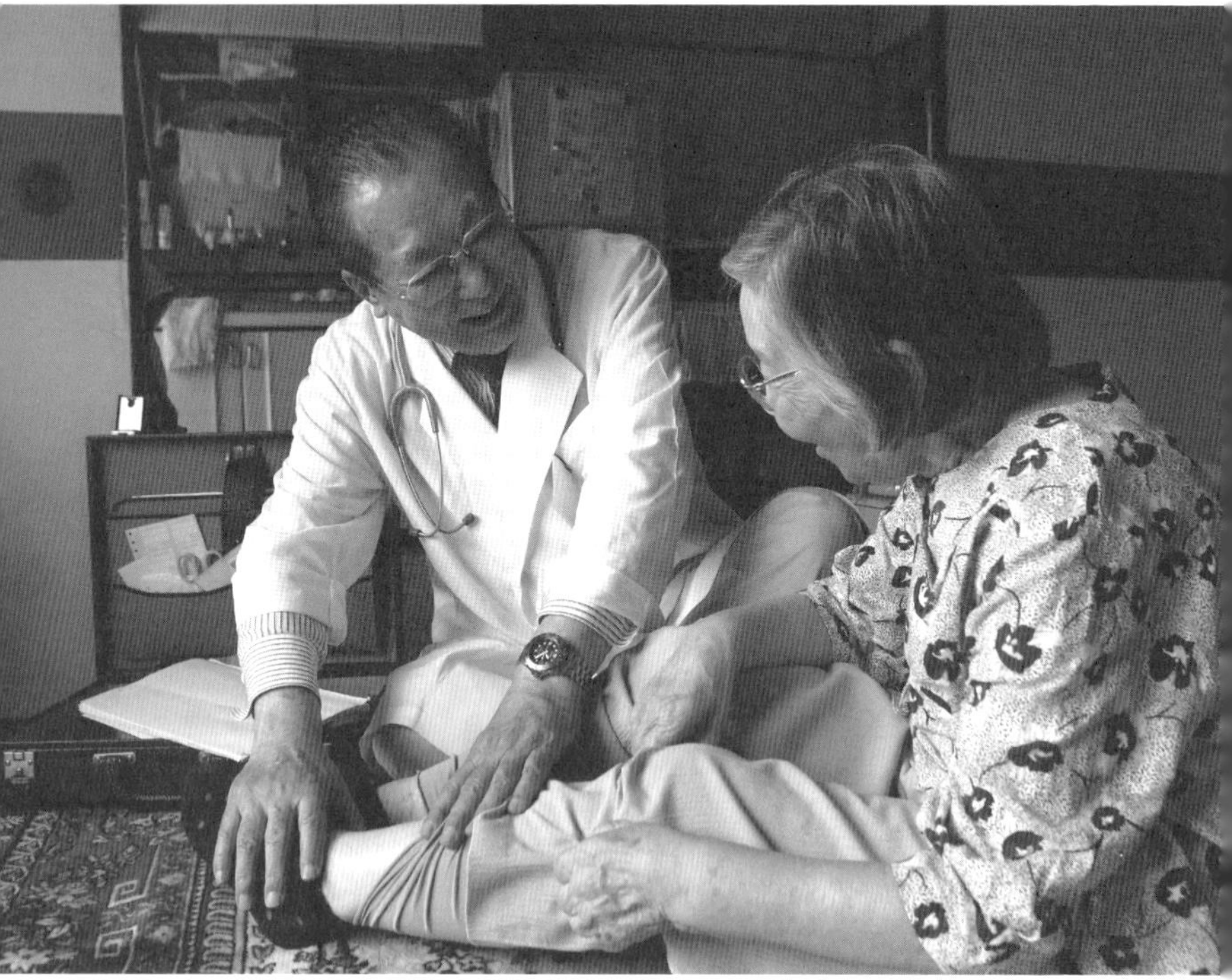

「これぐらいのむくみなら大丈夫」。原田喜美子さんを診察する青木茂さん＝豊明市二村台で

療所を開いた。高度経済成長期の真っただ中。団地には若い家族が次々に入居し、診療所の待合室は小さな子どもを連れた親たちでいっぱいだった。

今、診療所を訪れるのは、昔なじみの高齢者がほとんど。足腰が弱くなって診療所に通いづらくなっても「最期まで団地で暮らしたい」という原田さんら四人の患者のみ、往診もしている。

「昔はね、診察をしていると、『またそんなぶっきらぼうな軍隊口調で』って妻によく怒られたんですよ」

胃がんのため二〇〇〇年に六十五歳で亡くなった妻の蘭子さん。青木さんは名古屋市立大在学中、薬学を学んでいた蘭子さんと出会った。英語が得意な、はつらつとした女性。開業後は、薬剤師として診療所を手伝ってくれ、患者からは「蘭子先生」と呼ばれ親しまれた。子育ても一段落した後、一九九五年から一期だけ豊明市議も務めた。

助け合って支え合う

蘭子さんは市議をしていたころ、ホームステイ先の米国で、近くに住む高齢者同士が交流し、ちょっとした困り事を助け合う活動に出合った。

「子どもたちはいつか独立して親元を離れちゃう。団地でも近所の人同士、助け合ったらどうでしょう」。九七年、近所の主婦らに呼び掛け、料理や掃除など、高齢者の身の回りの手伝いをするボランティア団体「ささえあいの会　ふたむら」を立ち上げた。

会のメンバーは蘭子さんの死後も、お年寄りが集まって話す会を週一回、診療所の一室で続けている。

「手押し車って、背中を丸めないと使えないの。私みたいな背中がまっすぐな高齢者用のも研究してほしいわ」。一人暮らしの森道子さん（91）の言葉に、笑い声が上がる。この日の参加者は世話人も含めて男女十人。コーヒーを片手にそれぞれの話に耳を傾け、相づちを打つ。

会の代表の市川博子さん（75）は「この活動が、蘭子さんの夢に通じているのか分からないだけど、この会を楽しみに雨の日も雪の日も来てくれる人がいます」

蘭子さんが予測したように、団地は四人に一人が六十五歳以上となり、高齢者世帯や一人暮らしも多い。医師の青木さんは今も、妻の助言に従い、患者の声に丁寧に耳を傾ける。お年寄りが同じ話を繰り返しても、何度でも聞く。

蘭子さんが目指した「助け合って高齢者を支える仕組み」。青木さんやささえあいの会のメンバーは、それをつくるための模索を続ける。

記者の一言

丘陵地帯に突如現れる団地群は無機質で、幻想的でもある。真っ白な建物に足を踏み入れると、昭和の香りが残る狭い階段に金属製のドア。かつて団地っ子だった二十代の同行カメラマンも「懐かしい」と目を輝かせた。

団地が建てられたのは四十五年前。子どもが独立した後、親たちは団地とともに年を取った。同時代に建設された東京の多摩ニュータウンは高齢化が深刻化している。もちろん、豊明団地も同じだ。

これまで住民たちは力を合わせて、高齢化や外国人の就学といった問題に向き合ってきた。行政や大学も本腰を入れ始めている。十年後、蓑手さんのように「一人暮らしだけど、寂しくないよ」と明るく笑ってくれるお年寄りが増えていてほしい。

（森 若奈）

街角トピック

愛知県豊明市の豊明団地は1967（昭和42）年に着工、71年8月に入居が始まった。「ニュータウン」と呼ばれ、若い世代のあこがれの団地だった。

同年の住民登録人口が3万人を突破。当時の豊明町は名古屋市のベッドタウンとして宅地開発が急ピッチで進み、人口増加率は「県下一」といわれた。町は72年8月、県内30番目の市になった。

現在は団地の高齢化が進み、日本人の入居者に限ると、65歳以上の独居の人が四分の一を占める。一方で、団地内の5階建て55棟のうち、エレベーターがあるのは2棟のみ。「団地で住み続けたい」という高齢者を支える仕組み作りが課題となっている。

そこで市は、団地に住む高齢者の介護や在宅療養を支えるため、2014年に都市再生機構（UR）、藤田保健衛生大と地域包括ケアの充実に向けた協定を結んだ。「ふじたまちかど保健室」や、同大の学生が団地内に住み、高齢者と交流を深める事業は、その手始めとなる。

さらに同大は17年夏、民間企業と協力して介護ロボット開発のための「ロボティックスマートホーム」を開設する。団地の高齢者に試作機を使ってもらいながら、団地にも導入できる小型ロボットの開発にも取り組む。

第8話 名古屋シネマテーク

テレビやスマートフォンで自由に映画が見られる時代。ところが、人はなぜか映画館に足を運ぶ。名古屋のミニシアターの先駆けとなった映画館「名古屋シネマテーク」には、銀幕と向き合い、初めて立ち上がる世界があることを知る人たちがいる。名古屋の映画文化を支え続ける人々のドラマに目を向ける。

はじまりのみち

赤い肘掛け椅子が並ぶ上映終了後の映画館。真っ白なスクリーンに向き合うと、数々の作品が走馬灯のように頭の中を駆け巡る。

名古屋市千種区今池、居酒屋などが入る今池スタービル二階の一画にある映画館「名古屋シネマテーク」。代表の倉本徹さん（71）は、今も時々足を運んでは〝古巣〟の様子を確かめる。かつては映写室を抜け出して観客に交じり、夢中になって胸を高鳴らせたあのころの自分を重ね合わせながら。

開館から三十四年。「よく、ここまでもったなあ」。綱渡りでここまで来た。これが、偽らざる感想だ。

高校卒業後、三年間の浪人生活のうち二年間を東京で過ごし、「受験の重圧から逃れたくて」都内の映画館に入り浸った。名古屋大入学後、映画研究会に入り、一九七一（昭和四十六）年以降、配給会社からフィルムを借り受け、名古屋市内のホールや公民館で自主上映会を開催。七三年には研究会のメンバーを中心に、自主上映サークル「ナゴヤシネアスト」を立ち上げた。フランス語で「映画人」を意味する。

上映回数が増え、自前の常設館への思いを強くしていた八二年、行きつけだった今池スタービル地下の居酒屋「六文銭」（現在は閉店）のマスターが、二階が空室だと教えてくれた。ビルのオーナーは、たまたま市内や三重県で複数の映画館を経営していた映画好き。大手の配給会社が手を出さない、マイナーだが質の高い作品を取り上げる「非商業主義・反興行」の姿勢に共感し、何の後ろ盾もない倉本さんに百二十八平方メートルのスペースを貸してくれた。

いい映画の思い一筋

シネアストの会員に呼び掛け、自身も五十万円を出資し、この年の六月に千三百万円の資本金で、当時名古屋では初めてのミニシアターとなる「名古屋シネマテーク」を開館。内装は知人の工務店に頼み込み、安普請で済ませた。だが、当初は赤字続きで経営は綱渡り。「いつ閉館してもおかしくない。三年持てばいい」状態だった。

苦境を救ったのが、八四年上映のドキュメンタリー「アントニー・ガウディー」（勅使河原宏監督）。十七日間で約五千人を動員し、累積赤字を解消したばかりか、若干の蓄えまで残した「奇跡の一本」だった。九〇年代までは、東京発の「ミニシアターブーム」に乗り、何とか生き延びることができた。名古屋で初めてミニシアターを開館し、草分けとして知られていたことが功を奏した。

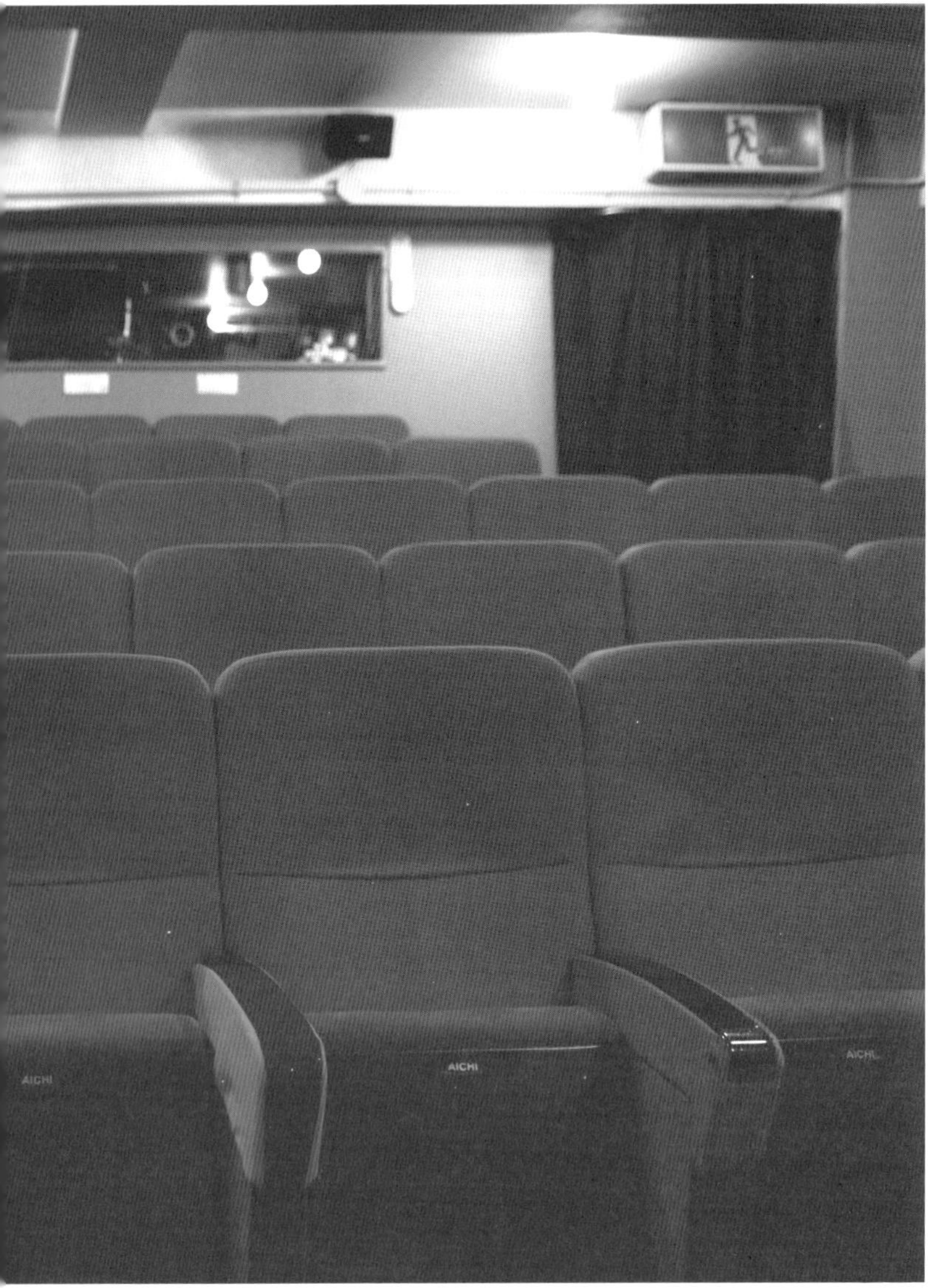
AICHI
AICHI
AICHI

終映後の客席に座る倉本徹さん。立ち上げから30年以上、幾度の経営危機を乗り越え、
名古屋シネマテークを存続させてきた＝千種区今池1で

シネマテークの代表ではあるが、倉本さんは自分の給料を一円も取ったことはない。八三年から河合塾で小学生の算数を担当し、人気講師に。六十五歳まで働き続けた。「給料がない分、責任感がなかったとも言えるけどね」。おどけてみせるが、すべては映画館存続のためだった。

近年は、大規模なシネコンやインターネットの台頭で映画を見る形態が様変わり。ミニシアターブームも去り、自転車操業が続く。それでも「自分たちが『いい』と思ったものをやり続ける」。三十年以上が過ぎても、その思いは変わらない。

ノスタルジア

カタカタと音を立て、映写機にセットされた35ミリフィルムが回る。名古屋市千種区今池の映画館「名古屋シネマテーク」の映写室。支配人の平野勇治さん（54）は、スクリーンに目を凝らし、心でつぶやく。「やっぱり、いいねえ」

平野さんは大学在学中にシネマテークの前身、ナゴヤシネアストに入り、代表の倉本徹さん（71）と自主上映会の運営に携わった。一九八二（昭和五十七）年の開館当初からのメンバーで、

フィルム映画を映写する平野勇治支配人。各地の映画館と連携しながら、
フィルム上映ができる環境を維持したいと考えている＝千種区今池1で

五年後には支配人に。三十年近く毎日のように映写室にこもり、上映フィルムと格闘した。作業の手順は、体が覚えている。

映画といえばフィルム、というのは昔の話。コスト削減などで、複製が簡単なデジタル映画を配給する会社がほとんどになり、近年、フィルムの上映機会はめっきり減った。

全国の多くの映画館は、デジタル化を機にフィルム映写機を廃棄し、上映できる映画館はいまや少数派。映写機がなくなれば、残っているフィルム映画が上映できなくなる可能性もある。デジタル映画にも、さまざまな利点はある。映像は明るく、音質もクリア。しかし、いつまで映像を保存できるのか、記録媒体としての歴史が浅い分、保証はない。機材や規格も目まぐるしく変わっていくため、再生できる機械がずっと存在し続けるとも限らない。

フィルムは手間ひまをかけることで、人間の愛情も一緒に入り込む。予想だにしない映像が撮れることだってある。「デジタル全盛のまま、進んでしまっていいのか」。平野さんは危機感を抱く。

忘れられない体験がある。大学時代、名古屋市内の映画館で深作欣二監督の「魔界転生」（八一年公開）を見た時、映像が突然止まり、スクリーンの真ん中が溶けるような映像が現れた。一瞬、映画の中の演出かと思ったが、さにあらず。何かの拍子で、実際にフィルムが溶けていたらしい。

フィルムの力信じて

江戸時代に起きた島原の乱で殺され、魔界の力を得て転生した天草四郎が、徳川幕府への仕返しを謀る物語。作中で亡霊が出てくる場面と重なり、幻想的な雰囲気が醸し出された。

あの時の映像の記憶がよみがえるたびに思う。上映は中断されたが、そうしたトラブルも含め一つの「映画体験」なのではないか、と。光の陰影や細かな粒子が入り込んだ独特の質感は、デジタルにはない魅力だと信じている。

だが、シネマテークも世の流れには逆らえず二〇一四年三月、五百万円をかけてデジタル映写機を導入。いまや上映する作品の95％以上がデジタルだ。

フィルムでの上映環境を何とか守ろうと、平野さんは一五年六、七月、近年修復されたフィルム作品を集めた上映会「蘇《よみがえ》ったフィルムたち」を企画。そこで、衝撃的な作品に出会った。

日本映画史上不朽の名作といわれながらフィルムが散逸し、見ることができなくなっていた幻の無声映画「忠次旅日記」（一九二七年、伊藤大輔監督）。九二年、広島市の個人宅でフィルムが見つかり、三部作の大部分が見られるようになった。迫力ある殺陣や演出で、江戸時代の博徒の大親分、国定忠次が落ちのびていく姿を描く。

学生のころから「名作」として何度もタイトルを耳にし、期待に胸を膨らませて見た作品は「聞きしに勝る傑作」だった。九十年近く前の名優の姿を生き生きと再生するフィルムの力を、あらためて実感した。

一八九五年、映写機の発明で映画が誕生して百二十年。その歴史のほとんどはフィルムとともにあった。新しい時代の波に翻弄《ほんろう》されながらも、平野さんはフィルム映画を残そうと奮闘している。

友情

「ぶん殴りに行く」。一九八三（昭和五十八）年、大学生だった大橋雅之さん（53）は、本気で腹を立てていた。

大橋さんが初めて監督した8ミリ映画「第三世界から遠く離れて」。それを前年に開館したばかりの名古屋市千種区今池の映画館「名古屋シネマテーク」の支配人平野勇治さん（54）が酷評したと、知人から聞いたからだった。

その知人から大橋さんの言葉を伝え聞いた平野さん。「どうせ、殴りになんて来ない」と高をくくっていた。だが、しばらくして、大橋さんは本当にシネマテークにやって来た。

カウンター越しに、二人はにらみ合った。「僕の映画の、どこが駄目なんですか」。大橋さんが尋ねる。「（フランス映画監督の）ゴダールの焼き直し。批評するに値しない」。平野さんは切って捨てた。

しばらく黙り込んだ大橋さん。指摘に素直に納得し、いつの間にか好きな映画の話で盛り上がっていた。「本音で言ってくれたのが、うれしかった」。当時見ていた映画のジャンルも重なり、不思議と気が合った。

その後は、客として頻繁に顔を出すように。平野さんに誘われ八七年から、愛知県清須市の実家の飲食店を営む傍ら、シネマテークで週に一、二回、受付やチラシの折り込みなどのスタッフとして働くようになった。

働き始めて間もなく知り合ったのが、「冷たい熱帯魚」や「愛のむきだし」などで知られる、当時はまだ無名だった映画監督の園子温さん（54）＝愛知県豊川市出身＝だ。

本音の関係いまでも

きっかけは、若手の才能を発掘しようとシネマテークで八七年十二月から毎年開いている「自主製作映画フェスティバル」。第一回作品の中に、園さんが監督した学園物語「決戦！女子寮対男子寮」があった。

若い男女が、叫びながら走って追い掛け合う青春映画。初めて見た時、「自分には絶対に撮れない」と衝撃を受けた。「一体どういうやつなんだ」

上映期間、シネマテークに通っていた園さんと知り合い、今池の居酒屋で酒を酌み交わす仲に。以降、園さんは自作が名古屋で上映されるたび、シネマテークの近くや同館が入る今池スタービルの上階に移り住んだ大橋さんの自宅に泊まるようになった。

国内外の映画賞を受賞し、テレビ出演も増えた五年ほど前、急に電話がかかってきた。「俺

来館者に渡すチラシを折り込む大橋雅之さん。週に1、2回、スタッフとして働く＝千種区今池1で

がこんなに有名になるなんて、思わんかっただろう」。おどける園さん。「分かった、分かった」と大橋さん。仲のいい幼なじみのようなやりとりが続いた。園さんが失恋し、自暴自棄になった時も、電話がかかってきた。

園さんが最近、シネマテークに顔を出したのは、自作「ひそひそ星」が上映された六月。初回で舞台あいさつに登場し、その時も今池で飲んだ。年は園さんが上だが、「ソノ」「オオハシ」と呼び捨てにし合う関係は、知り合ったときから変わらない。

園さんにとっても、大橋さんとの関係は特別だ。「友達を超えた存在、ですかね」

素敵な相棒

たくさんの本が整然と本棚に並ぶ。一見、学校の図書室。タイトルを眺めると、映画関連の本しかないことに気付く。名古屋市千種区今池の映画館「名古屋シネマテーク」には、一九八二（昭和五十七）年の開館当時から、「映画図書館」が併設されている。シネマテークの会員になれば、無料で借りることができる。

客として週一回、映画を見に通う小西孝直さん（57）＝昭和区鶴舞＝が一冊を手に取り、ページをめくってつぶやいた。「いつ来ても、新しい発見があるんです」

名古屋シネマテークの名前は、パリで映画の保存や上映に取り組んでいる文化施設「シネマテーク・フランセーズ」に由来する。

代表の倉本徹さん（71）が、映画人だけでなく、映画を学び、楽しむ市民が集まるフランセーズのような施設にしようと命名。上映ホールの隣にある小部屋に自身の蔵書を持ち込み、貸し出しを始めた。

開館から九年後、部屋にため込まれるばかりで雑然としてきた本の整理を担ったのが、当時から客として通っていた小西さん。子どものころから無類の本好き。映画に関わる本を熱心に蒐集していた。顔なじみだった倉本さんに頼まれ、二つ返事で引き受けた。

司書をしていた友人の指示を仰ぎながら、ラベルを貼り、規則に従って並べていく。たった二人の地道な作業。それでも「楽しくて、楽しくて、仕方なかった」。時間を忘れて没頭した。

行くたびに知らなかった本との出会いがあり、手を止めては読む毎日。無給という気安さも手伝って、焦らず急がず、半年掛かりで書籍と雑誌合わせて四千五百冊を整理した。

映画関係の書籍や雑誌を集めた映画図書館。本たちに囲まれて、
小西孝直さんは至福の時を過ごす＝千種区今池1で

映画本六千冊　宝の山

映画少年でもあった高校生のころ、雑誌のキネマ旬報で映画評論家の故・筈見《はずみ》有弘さんが連載していた「ぼくの映画の本棚」というコーナーに刺激され、映画史や映画論、監督のエッセーなどをむさぼり読んだ。

一人で名古屋から夜行列車に乗り、東京・神田の古書店街に出向いたことも。映画と演劇の本で知られる「矢口書店」に入り、見たこともない本に囲まれて「めまいがした」。高くてほとんど買えなかったが、雰囲気に浸れただけで幸せだった。「いつか自分も古本屋を持とう」と夢を描いた。

会社勤めや雑誌のライターなどを経て二〇〇〇年、念願だった古書店を昭和区に開いた。その名も「ふるほん映画屋」。「映画屋」なのに、自分で集めた映画本のコレクションは売るのが惜しくて店頭に置かず、並べたのは一般的な本ばかり。そんな商売下手だから、店は二年で閉めるはめになった。それでも、夢を実現することができて満足している。

一方、シネマテークの蔵書は、苦しい経営の中でも蔵書への出費を惜しまず、四半世紀を経て六千冊に成長した。小西さんは今も時々図書館に足を運び、新しい本との出会いを待つ。「宝探しみたいで、楽しいじゃない」。一人で神田に行った、あのころと変わらない笑みを浮かべた。

素晴らしき哉、人生！

薄暗がりの廊下にぽっとやわらかな明かりがともる。名古屋市千種区今池の映画館「名古屋シネマテーク」の出入り口。看板のスイッチを、スタッフで舞台俳優の小林正和さん（59）＝愛知県岡崎市＝が入れた。働き始めて三十年近く続けてきた、週二回のルーティーン。

シネマテークのロゴは、赤い四つの印からなる。一見すると、視力検査のマークのよう。シネマの「c」、名古屋の「n」を取り入れている。前身の自主上映サークル「ナゴヤシネアスト」のころから常連で、二〇一二年に亡くなった愛知県豊橋市の工業デザイナー故・三宅亨さんが手掛けた。

「全体でフィルムの形にも見えるんですよ」。スタッフの中ではほぼ最古参の小林さんは、開館当時と変わらぬ看板を見つめ、ちゃめっ気たっぷりに教えてくれた。

名古屋大理学部物理学科卒の理系。高校卒業までは「バリバリの科学少年」だったが、大学で人に誘われ演劇サークルに入ったのをきっかけに芝居に目覚めた。映画を見るようになったのも、ちょうどそのころ。

衝撃を受けたのが、小津安二郎監督の作品だった。「東京物語」に「麦秋」「秋刀魚《さんま》の味」…。

映画全体に流れる静ひつな雰囲気に魅了され、「サイレントとトーキーの間のような、唯一無二の世界観」にのめり込んだ。作中の俳優や女優の話し方や表情のつくり方などを役づくりの参考にした。

大学を卒業する時、尊敬する劇作家の唐十郎さんの言葉を思い出した。人生は、棒に振るためにある—。「だまされたつもりで、自分も棒に振ってみようか」。大学の同級生は、名だたる大企業に次々と就職したが、自分はそうした生き方に背を向けた。芝居を一生続けていくと決めた。

「俳優として　血肉に」

町工場で働きながら「彗星《すいせい》★86」という劇団に所属していた二十代後半、シネマテークに入った。支配人の平野勇治さん（54）と共通の知り合いだった演劇ライターを通じて誘われた。芝居の都合で長期間仕事に入れなくても許される、「緩い」働き方が気に入ってスタッフに。現在は、岡崎市の自宅で農業もしつつ、シネマテークでチケットの販売や上映を担当する。仕事の合間、すべての上映作品を自由に見られることが、「何よりの役得」だ。映画を浴びるように見たことが、「俳優として、血肉になりました」。

子どものころから何度もシネマテークに連れて行った長男の夢二さん（31）は、名古屋の劇

上映が始まる前、入り口の札を入れ替える小林正和さん。本業は舞台俳優だ＝千種区今池1で

団「少年王者館」に入り、東京を中心に舞台俳優として活躍する。「そんなはずじゃ、なかったんだけどね」。いつの間にか演劇の道に進んだ息子の姿に、小林さんはどこかうれしそう。

　会社などで出世していく大学時代の仲間たちを見ると、「やっぱり、棒に振ったかなあ」と思うことがないでもない。でも、後悔はしていない。翌年の二月、公演する舞台で生演奏を披露するため、ほとんど未経験のアルトサックスを猛練習する日々。中途半端な状態ではステージに立ちたくない。「舞台はその時一度きり。真剣勝負、ですから」

記者の一言

「うちには人情はありませんよ」。最初に取材のお願いに行った時、名古屋シネマテーク支配人の平野勇次さんからこう言われた時は、一瞬あきらめようかと思った。何と言っても連載のメーンテーマだ。外れるような話を書くわけにはいかない。「そうは言っても」と何とか頼み込み、取材に動き出した。

同じ名古屋市千種区の今池で、シネマテークにほど近いホルモン焼きの「梅田屋」を舞台に連載をしていたものだから「人情とはかくあるべし」という凝り固まったイメージが記者の頭の中にあったのかもしれない。最初はこの連載を「心温まるいい話」にしなければと思い込んでいた。しかし、取材の途中で気付いた。人への思いやりや人の情けだけが「人情」ではない、ということに。辞書にはある。「人間のありのままの情感」も人情だと。

シネマテークは、映画に対する熱い思いを持った人たちであふれている。心残りなのは、本で紹介しきれなかった魅力的な人がたくさんいたこと。たった五回の物語では、とても描ききれない。

（市川 泰之）

街角トピック

名古屋で最初にできたミニシアターは「名古屋シネマテーク」。シネマテークとともに草分けとして知られるのが、1983年2月に開館した「シネマスコーレ」だ。シネマテークがヨーロッパやドキュメンタリー映画を上映するのに対し、アジア映画やインディーズの邦画が中心で、双璧として根強い人気を集めている。シネマスコーレ支配人の木全《きまた》純治さん(68)は「シネマテークさんと切磋琢磨しながら、ここまで来ました」と振り返る。

ミニシアターは配給会社と独自に契約を結んで作品を上映することから、スタッフが独自に番組を編成する。このため、映画館によって個性が出やすい。木全さんによると、名古屋には現在、シネマテーク、シネマスコーレの2館を合わせて5館のミニシアター(センチュリーシネマ、名演小劇場、伏見ミリオン座)があり、スクリーンの数は合計で9つになる。それぞれの館が独自色を打ち出しており、「東京をのぞいて、全国で最も独立系の映画が見られる非常に刺激的な場所。観客にとっては、全国でも有数の豊かな映画環境にあると言える」(木全さん)と断言する。

名古屋のミニシアターの歴史も、シネマテークの設立から35年を超え、これまでに数多くの映画監督や俳優を輩出するなど人材を供給する地域になりつつある。「名古屋の映画館で映画を見て育った人たちが、もっと増えていってほしい」と木全さんは期待を込める。アカデミー賞や世界三大映画祭を制するような人材が名古屋から登場する日が、いつか訪れるかもしれない。

第9話

柳橋中央市場・マルナカ

名古屋駅から歩いて5分。全国的にも珍しい、巨大な高層ビル群の足元に広がる柳橋中央市場。旬の魚や野菜などが集まる「名古屋の台所」は、同時に大勢の人が行き交うにぎわいの場所でもある。かつて「朝」のみ開かれる世界だった場所は、駅前の街の変化に合わせる形で飲食店なども増え、今までとは違うさまざまな表情を見せ始めた。柳橋のシンボルの一つ、マルナカ食品センターを歩き、「市場人」たちの息遣いや絆を探った。

午前7時のかつ丼

ゴム長靴にエプロン姿の男女がせわしく行き交う。午前七時、柳橋中央市場のマルナカ食品センター（名古屋市中村区名駅四）。熱気と喧噪を全身に感じながら、久野聖子さん（35）が真新しい看板を店の表に出す。

母娘《おやこ》で元気に営業中！

鮮魚に精肉、青果など五十の専門店がひしめくビル一階のほぼ中央。二〇一六年六月にオープンした「かつ丼と珈琲《コーヒー》 聖《ひじり》」は、聖子さんが母まゆみさん（57）と二人で切り盛りする十席ばかりの小さな店だ。

一人、また一人。白いのれんに客が吸い寄せられていく。

「かつ丼ね」「はーい」。母娘の元気な声がそろった。世間の「朝」は、未明に動きだす市場では「昼」の感覚に近い。店のメニューにはトーストとコーヒーのモーニングもある。だが、一杯九百円のかつ丼に、開店直後から注文が次々と入る。

厨房で鍋をふるうのは主にまゆみさん。半熟状態になった卵にカツを乗せ、秘伝の甘辛いたれを手早く回しかける。一般的な調理法とはひと味違う「煮ない」「とじない」かつ丼。揚げたての衣の食感を損なわないで済む工夫だ。慣れた手つきで菜ばしを握る母の姿を横目に捉え、聖子さんは懐かしい光景を思い出していた。

独特の調理法と味を生み出したのは、亡くなった聖子さんの祖父・一隆さんだった。愛知県みよし市で長年、定食屋を営んでいた。「冠婚葬祭の時なんかは仕出しもするし、本当に『町の食堂』って感じ」。一番の看板メニューがかつ丼だった。寡黙で料理一筋だった一隆さんが、どうやってその味にたどり着いたか聞かされてはいない。だが聖子さんには「必ず受け入れられる」と自信があった。

実は、まゆみさんは聖子さんが中学生の時に離婚している。だから、まゆみさんにとって、一隆さんは「別れた元夫の父」になる。

行き交う人に声を掛ける久野聖子さん。母まゆみさん（後方）と2人でじいちゃんの味を伝える＝中村区名駅4で

じいちゃんの味残す

離婚前、まゆみさんは毎日店を手伝っていたため、聖子さんらきょうだい三人は「ただいま」と言って店に帰る日々を送っていた。聖子さんは、一隆さんのかつ丼を「土曜日の味」と呼ぶ。当時、午前中で授業が終わる土曜におなかをすかせて店に帰ると、必ずといっていいほどあのにおいが待っていた。「『思い出の味』なんて言うまでもないほど舌が覚えていた」

祖父と母が「他人」になった後もその関係は基本的に変わらなかった。初孫に「聖子」の名を授けてくれた「じいちゃん」は、高齢で店を畳んだ晩年、何気ない口調で聖子さんに言ったことがある。「本当はこの店を料亭にしたかったんだ」。料理人としての自負だと感じた。その日から、聖子さんの胸に、使命感にも似た思いが宿った。

料亭じゃなくても、じいちゃんの料理は一番。それを証明するため、なんとしてもあの味を残したい―。娘の熱意に、まゆみさんも遠慮とためらいを捨てた。五年ほど前のこと。娘のため、店を構える物件を探していた矢先に、思いも寄らぬ話が舞い込む。

離婚後、東郷町のゴルフ場でキャディーを二十年続けたまゆみさんの得意客の一人に、マルナカの安藤東元《はるもと》社長（54）がいた。ラウンド中に「店をやりたい」と打ち明けると、予想外の言葉が返ってきた。「本気なら、うちでやってみたら」

「まさか『市民の台所』のど真ん中でやることになるなんてね」。二人は苦笑しつつ、忙しくも充実した日々を送る。なんと言っても「食のプロ」が集う市場だ。彼らを相手に自慢の一杯を出すことに、緊張感を伴った手応えを感じている。

再開発で昼間人口が増え続ける名古屋駅周辺。真昼の市場にも、革靴のビジネスマンが押し寄せるようになった。「聖」も、昼時は店前の通路に机とパイプいすを並べるが、席が足りなくなる日が続く。

料亭の雰囲気とは違うかもしれない。だが「うまい」の声が耳に届くたび、聖子さんはカウンター席後ろの壁に目をやる。写真の中、懐かしいあの店の厨房《ちゅうぼう》で、じいちゃんが菜ばしを握っている。

兄弟船

船上の父の姿を見て、兄はごく自然に「自分も漁師に」と思った。弟は違った。洗濯物に付くにおいが嫌だった。結局、二人とも漁師にはならなかった。だが四六時中、魚とともに仕事をしている。

「カネヒロ水産」は柳橋中央市場のマルナカ食品センターで一番広い面積を持つ鮮魚店だ。二〇一六年五月にはセンター内に直営の料理店「シーダイニングてるてる」を開店。新鮮な鮮魚が安価で味わえると、昼食時には付近のビジネスマンが席を埋める。

社長の山下俊弘さん（56）が二十一歳の時に起業した。「柳橋でも老舗になっちまった」。最初はマルナカとは違うビルに店を構え、売り場はたったの「二畳」。当時を知るのは、今では弟で専務の孝治さん（52）くらいだ。

二人の父、益弘《よしひろ》さん（故人）は、愛知県南知多町の豊浜漁港を拠点

きりりとした顔つきで包丁を握る山下俊弘社長（左）。
弟で専務の孝治さん（右）と2人でカネヒロ水産を大きくしてきた＝中村区名駅4で

とする漁師だった。双子の兄がいて、文字通り「兄弟船」の海の男だった。戦後まもないころ、益弘さんは底びき網漁法の一種、板びき網漁を三重県で学んできて愛知に伝え、県内の多くの漁師の生計を安定させた。実家には、漁協などから受けた数々の表彰状が今でも残る。二人は父の功績も、苦労も、よく知っている。

俊弘さんは後を継ぐつもりで水産高校へ進んだ。だが「校則が自分に合わなかった」。二年生で退学した。地元に残って仕事をするのはばつが悪かろうと、親戚が柳橋の鮮魚商へ送り込んだ。「もし卒業していたら、今ごろ普通に漁師してたのかもな」。後悔しているわけではない。だがふと、今とは違う自分の姿を思い浮かべることがある。

命がけ　鮮魚とともに

小さくとも故郷・豊浜の魚を扱う自分の店を持ちたい、と数年で独立した。父は泣いて喜んでくれた。一方で、当時まだ高校生だった弟の孝治さんは、手伝わざるを得ない状況に追い込まれた。早朝二時に起き、店に出すための魚を浜でさばき、仮眠してから通学するという日常。「学校は寝に行ってたなあ」。父や兄への反発から何となく思い描いていた「普通のサラリーマン」の将来像はだんだん遠のいていった。

「一畳」時代から、扱う魚介類は五十種を数える。「『欲しい』と言われた魚は必ず用意する」。

そう胸を張って言い切る孝治さんは、毎朝自分で船を操り、三河湾、伊勢湾の漁港を回って自らの目利きで魚を仕入れる。俊弘さんが東京や関西にも販路を開いてからというもの、忙しさはさらに増した。

経営で多忙な自分の代わりを任せられるのは、弟しかいない。俊弘さんは孝治さんに感謝している。「人生を犠牲にして申し訳なかった」とも。ただ面と向かって頭を下げたことは「おそらく一度もない」。普段は兄弟間の会話も少なく、食事も「二人では絶対一緒にしない」と孝治さん。それでも信条は同じ。「漁師が命懸けで取った魚は命懸けで売る」互いに「似ている」と言われるのは不服らしい。二代続けての兄弟船。競うかのように日焼けした顔にそろって汗を浮かべ、今日もせわしく市場内を駆け回る。

出会い

柳橋中央市場での出会いがきっかけで二度、姓を変えた女性がいる。すっぽん料理が絶品と評される名古屋市中区錦三の「割烹《かっぽう》　たつ巳《み》」のおかみ、渡辺宏美さん（43）。常連客には二番目の名である「生田宏美」がなじみ深い。客も、渡辺さん自身も、四年前に亡くなった先代おかみ、生田いつ代さんの面影をまだ追ってしまう。

もともと料理人志望だった。渡辺さんの父は、三重県四日市市で腕をふるったすし職人。ただ、飲食店を生業とする苦労を知っていただけに、まな娘が同じ道を歩むことに反対した。二十一歳の時、「市場で働けば店との縁ができるかも」と、家出同然で柳橋の鮮魚店に就職。食材を買いに来た生田さんとは、そこで知り合った。

ある時、市場の先輩たちに連れられ「たつ巳」を訪ねた。上品な白木のカウンターの向こう側。和服にかっぽう着を重ね、凜《りん》とした姿で包丁を握る生田さんに一目で見ほれた。「私も料理人になりたいんです」。思わず打ち明けた渡辺さんに、生田さんは答えた。「来たかったらいつでも来なさい」

先代おかみから受け継いだ店で料理の下ごしらえをする渡辺宏美さん。
今も毎朝、柳橋に仕入れに行く＝中区錦3の割烹たつ巳で

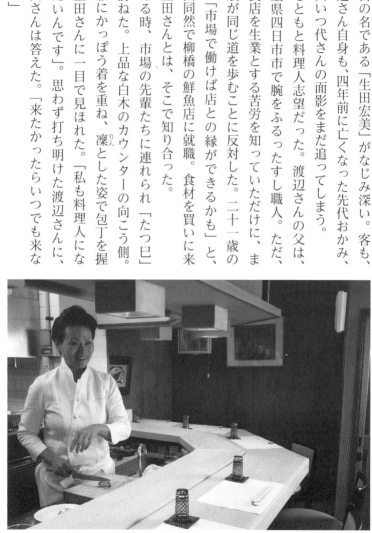

社交辞令だと思っていた。二年後。いつものように、「店員と客」の関係で向き合ったはずの生田さんが突然言う。「あんた。一体いつになったら来るんだい」。その後の修業で数えきれぬほど受けた叱責《しっせき》の、最初のひと言だった。

師匠も伴侶もそこに

とにかく厳しい人だった。包丁はしばらく握らせてもらえなかったが、柳橋でつちかった「目」だけは買われ、食材の仕入れを任せてくれた。

柳橋では鮮魚店の大将も、青果店の若旦那も、みな旧知の仲。妹のようにかわいがってくれた人ばかりだ。義理にほだされ、少しでも質の劣った食材を買って帰ると、怒号が待っていた。「あんたは市場に人を見に行ったのかい」。店に客がいようとお構いなしで叱られた。

生田さんが七十歳で亡くなるまで十五年間、同じ家に住み込んで修業に励んだ。養子縁組をして「斎木」から「生田」になり、店を継いだ後も「料理は命を扱うもの」と厳しく言われ続けた。「あの日々があったから、今の私がいる」。名物のすっぽん料理は、鮮度が何より大事。客の目の前で、生きたままさばくことも多い。専用の包丁を握ると今でも後ろに立って見られている気がして、背筋が伸びる。

先代おかみ自身の願いもあり、看病中も毎日店に立ち続けた渡辺さんを懸命に支えたのが、かつて寝食をともにした市場の仲間たちだ。食材の仕入れを代行してくれたり、店に顔を出して励ましてくれたり。その中の一人に、当時、マルナカ食品センター内のかつお節店で店長をしていた渡辺理行《ただゆき》さん（54）もいた。二〇一五年十一月の二人の結婚は、しばらく市場内の話題を独占した。

数々の出会いをくれた柳橋に、感謝してもしきれない。今でも毎朝のように仕入れに行くが、魚や野菜を「買う」立場になって、初めて見えてきたものもある。良くないと思った点は、遠慮なく指摘するようにしている。厳しかった先代に、少し似てきたのかもしれない。

道場

柳橋中央市場は今、ちょっとした書道ブームに沸いている。火付け役は日本己書《おのれしょ》道場副総師範の馬淵将樹さん（49）。ものものしい肩書と裏腹に、素朴な絵と柔らかな書体を自由に組み合わせた作品は、見る人の心をふわりと包む。

朝は筆ではなくフライパンを握り、卵焼きを焼いている。マルナカ食品センターにある、創業大正元年の卵焼き専門店「茶乃善」の〝婿〟。戸籍上は「婿入り」ではないのだが、自らをそう呼んでいる。

大柄な体格。高校時代はハンドボール部で国体出場経験もある。だが繊細な手作業も得意だったと気付いたのは、結婚後だった。市場内の鮮魚店でアルバイトをしていた二十歳の時、当時短大生で、実家の茶乃善を手伝っていた妻礼子《あやこ》さん(48)に一目ぼれした。「柳橋で青春を過ごし、家族とも出会った。市場全体が僕の家みたいなものだね」。灰色の少し長い髪をかき上げ、にかっと歯を見せて笑う。アルバイト時代から数えて三十年。いつしか本当に市場の全員が顔見知りのようになっていた。

書道を始めたのは三年前。その出会いも柳橋だった。型や書き順にこだわらず、文字や絵を思いのままに書く。自己の個性を大切にするから「己書」。マルナカ屋上のビアガーデンでたまたま知り合った女性客が師範の一人で、その作品や理念に強くひかれた。

筆振るい　心を癒やす

「考えるよりまず行動するタイプ」で、すぐ入門し、のめり込んだ。半年後には師範の資格を得て「マルナカ道場」を開いた。場所は、マルナカの二階駐車場の一角にある事務室だ。最初に門をたたいたのは、市場の働き手たちだった。鮮魚店のおかみに、高級のり店の会長。教え子は市場内だけでも二十人を下らない。道場がきっかけで柳橋に買い物に来るようになった一般客もいる。

いまや市場全体が、馬淵さんの作品展示場だ。

茶乃善向かいの精肉店「肉の三河屋丸中店」の軒下には、馬淵さんが書いた商品の看板がずらり。店長の松浦正紀さん（40）は「俺は書道は分からないけど、マブちゃんの字は何かいいんだよな」。かつお節専門店「ボニト」では、鍋料理がぐつぐつ煮える絵のポップが外国人客に好評だ。

鮮魚店「カネヒロ水産」は、実際に販売する商品の味のりのラベルを馬淵さんに書いてもらった。謝礼は「現物支給」。無償で請け負った仕事も多い。すべては大好きな柳橋への恩返しのつもりだ。

いつも穏やかな馬淵さんだが、かつては常連客や同業者に「マスオさん」とちゃかされるのに腹を立て、菜ばしをぶん投げたことだってある。自らを「婿」と

肉の三河屋丸中店長の松浦正紀さんと話す馬淵将樹さん（左）。
柔らかい書体の看板が店に親しみやすさをもたらした＝中村区名駅4で

名乗るいま、「人柄が丸くなったのかな」と笑う。習い事もほとんどしなかった自分が「師範」と慕われるのは照れくさく、不思議な感覚だ。

道場を開いて、商売を超えた関係を築けた人も多い。「市場は客も従業員も、みんな忙しいから。己書が少しでも癒やしを与えられる存在になったらいい」。二足のわらじで今日も市場内に笑顔を届ける。

不夜城

夢中で駆け回るうち、気付けば亡き父の年齢を超えていた。柳橋中央市場の中核を担うマルナカ食品センターの社長、安藤東元《はるもと》さん（54）は、にぎわう夜の屋上で思いを巡らせる。今の柳橋は、父たちの目にはどう映るだろう。

東日本大震災から二カ月後の二〇一一年五月に開業したビアガーデンは、六年目の秋を迎えた。かつて駐車場だった場所で、連日のように「女子会」が催され、週末は家族連れの姿も目立つ。新しい客層を柳橋に呼び込んだ。開業時は反対の声も多かったが、今は変化を前向きに捉える人が増えたと実感できる。

マルナカと関わり始めてもう三十二年になる。祖父が起こし、父が支えた会社。その父・公《こう》さんは、五十二歳の若さで急逝した。まだ大学卒業前だった安藤さんは、右も左も分からない状態で「市民の台所」の舵取りを余儀なく担わされることになった。

当時、柳橋は「構造不況」に陥っていた。市場の伝統的な顧客である料亭や仕出屋、そして商店街の青果店や鮮魚店は、チェーン店や大型スーパーの台頭で減少する一方だった。柳橋が生き残るには、従来の主体である卸売りに加え、小売りを強化するしかなかった。

生前の父から経営を直接教わる機会はなかった。代わりに支えたのが、父と同世代の市場の担い手たちだ。彼らの口を通じ、父が残した言葉に触れた。

「柳橋を、名古屋のアメ横にしたい」

あらゆる商品をそろえ、業者も一般消費者も引き寄せる東京・上野のアメ横商店街。父も「開かれた市場」を志していたと知り、勇気づけられた。

食のテーマパークに

民間市場の柳橋は、一般客も自由に出入りし、買い物できるのが最大の特徴だ。そのこと自体、どれほど認識されているだろう。安藤さんは今でも、タクシーなどに乗った時に運転手に

多くの客でにぎわうマルナカ食品センター屋上のビアガーデンに立つ安藤東元社長。
屋根の間から、高層ビル群が見える＝中村区名駅4で

聞いてみることがある。「柳橋って、普通の人も買い物できるんですかね」。半分近くは「できないと思いますよ」と答えるという。本当の意味で「市民の台所」には遠いと感じてきた。

地元テレビ局が一九八八年に始めた朝の番組中継が、自身にとっても柳橋にとっても大きな転機となる。週一回、自らカメラの前に立ち、市場の旬を伝え、名物コーナーに育て上げた。冷ややかな視線もあった。「ピエロ」という陰口も聞こえてきた。だが、先輩の一人であるマグロ店の大将のひと言に救われた。「あんたのおかげで、柳橋は変わったよ」

必死の広報に、理解者は少しずつ増えていった。と、同時に新たな市場ファンも生んだ。

二十年以上に及んだ中継は東日本大震災の影響で終わったが、最終回には画面に収まりきらないほどの客や市場関係者が集まってくれた。

自分なりに父の思いをかみ砕いた上で、最近、自身の言葉を語る。「柳橋を食のテーマパークにしたい」。今のモデルは東京・築地だ。柳橋を、外国人観光客も真っ先に訪問先に挙げるような場所に―と思い描く。

再開発で昼間人口が増え続ける名駅一帯。マルナカは、過去最多となる十一の飲食店が軒を連ね、昼時はすでにちょっとしたグルメ街に変貌した。

周囲には野心家と評されることも多いが、自身を「継承者」と位置づける。「市場に生きた先人たちの思いを受け、ここに立たされている」と。

朝はゴム長靴、昼は革靴、夜はパンプスに子ども靴―。眠らない市場に変わりつつある柳橋で、さまざまな足音に耳を傾けながら、その先を見据えている。

記者の一言

取材時は八月下旬から九月上旬、晩夏から初秋に変わるころ、サンマにヤリイカ、アサリなどに目移りしながら市場を歩くと、失いかけた季節感を取り戻す思いがした。などとかくとのんきだが、実際の早朝の光景は人も物も入り乱れ、殺気立つほど。私と同じ市場の「素人」には、少し落ち着いた午前八～十時に訪ねることを勧めたい。ひと息ついた市場人たちの素顔に触れることができる。せわしない日常を過ごす彼らも「お客さんとの交流が一番の宝物」と口をそろえる。

市場が昼と夜の世界にも開かれたことで、柳橋には新たな人の流れが生まれつつある。無理な早起きは別にしなくてもいい。気が向いたら出かけよう。出会いと旬を求めて。

（安藤 孝憲）

街角トピック

業界紙が編さんした「中部の食品業界百年史」などによると、柳橋中央市場の起源は江戸時代初め、清洲城から城下町を移した「清洲越し」までさかのぼる。堀川の整備に伴い船が城下まで上ってくるようになり、川沿いの地区に小規模な魚市場ができたという。

第2次世界大戦で一帯は焼け野原になったが、露店などが立ち並ぶ「青空市場」として再スタート。賑わいを取り戻し、現在は広さ約4000坪に約300の店舗がひしめく国内屈指の民間市場となった。

マルナカ食品センターの他、それぞれ数十店舗が入居する「中央水産ビル」と「名古屋綜合市場ビル」があり、早朝は東海地方各地から集まった食のエキスパートたちでごった返す。一般の買い物客も自由に出入り可能だが、飲食店以外はおおむね正午ごろまでに閉店する。毎週土曜には市場の見学ツアーも開催している。

かつて名古屋市営地下鉄東山線の名古屋—伏見間に「柳橋駅」を設置する計画があったが、利用者が見込めないなどの理由から白紙に。ところが2027年のリニア中央新幹線の開業を控え、一帯で再開発が活発に進むことから、市が14年に設置に前向きな姿勢を示しており、今後の動向に注目が集まる。

第10話 鶴舞・高架下

戦災復興の一環で、1962（昭和37）年に高架化したJR中央線の鶴舞駅。長野から岐阜を経て名古屋に至る長い旅路の途中駅。大勢の客たちが毎日規則正しく運ばれ、行き過ぎる線路の下でも、物語はひっそりと生まれている。いつもの電車を降りて、ちょっと寄り道してみませんか。味わい深い新旧店舗が入り交じる鶴舞・高架下。レールの音がバックミュージックだ。

創造の空き地

アコースティックギターの音が途切れると、吹き抜けの空間に不思議な静けさが漂った。ガタン、ゴトン…。頭上の列車の音が、心地よい間奏のように響く。

JR鶴舞駅にほど近い高架下で、夜な夜なライブを繰り広げるアートスペース「K・Dハポン」(中区千代田五)。スポットライトが照らす舞台は、音楽、ダンス、芝居、映画—。すべての表現に開かれている。

「いろんな人の思いが積み重なってるんですよ」と店主でダンスパフォーマーの森田太朗さん(48)＝日進市。十四年前までホコリだらけで廃虚のようだったこの場所を、ゆっくりとよみがえらせてきた。

木製の扉を開けると、狭いけど天井の高い重厚な空間が広がる。らせん階段で上がる手作り風の二階席、古いピアノと柱時計。踊りを見ながら酒を楽しむスペインのバルのような…。ちょっと変わったハポンの誕生は、今から三十年ほど前にさかのぼる。

郵便局を早期退職した絵描きの男性スズキさんが、高架下の空きスペースでアトリエを兼ねた古道具屋を開いたのが始まり。職業訓練校で習った大工仕事で内装を手掛け、遊び場のような店にした。

開けっ放しのシャッターに、ガラクタいっぱいの店内。芝居やアート、音楽好きの若者たちが嗅ぎつけて集まった。「足でいろんなもの探す時代でしょ。面白い場所があると鼻を突っ込みたくて」。今も関わる内装業の安藤伸さん（53）＝緑区＝は振り返る。

親子ほどの年の差のスズキさん。「古道具屋も面白くないな」とぼやき、行けば「何やる？」と迎えてくれた。レコードをかけて踊り、展覧会を開いた。自主映画も撮影した。列車のダイヤを調べ、ハンマーでたたかれるようなごう音をやり過ごしては、またフィルムを回した。映画は「結局お蔵入りしちゃった」が、好きなことを何でもやった。舞台美術を志す安藤さんは、スズキさんと二階の桟敷席をトンカン作った。

若者集い自由に遊ぶ

自由なスズキさんは思い付きで一年、ボリビアへ旅立った。しばらく留守番の若者たちが店を回していたが、やがて仕事や結婚でばらばらになっていった。戻ったスズキさんは細々とライブやイベントを続けた。営業日の「金（K）、土（D）、日本（JAPON《ハポン》）」が店名の由来とされている。

スズキさんが脳梗塞で倒れた後、有志が会社をつくって家賃を払い、ハポンを守った。五年

長い時間をかけてつくり上げられてきた「K・Dハポン」の空間。若者たちがライブ演奏を楽しんでいた＝中区千代田5で

ほど閉ざされていたところに、「面白い表現の場をつくりたい」と物件を探していた現店主の森田さんらがたどり着いた。

森田さんは中学を卒業後、千種区の個性派老舗書店「ちくさ正文館書店」や、ミニシアター「名古屋シネマテーク」に入り浸り、「街で勉強してきた」。

深夜の中華料理店のアルバイトで金をため、地元の有名劇団のヨーロッパ遠征について裏方をするチャンスを得た。数年後にはバンドのパフォーマーとして日

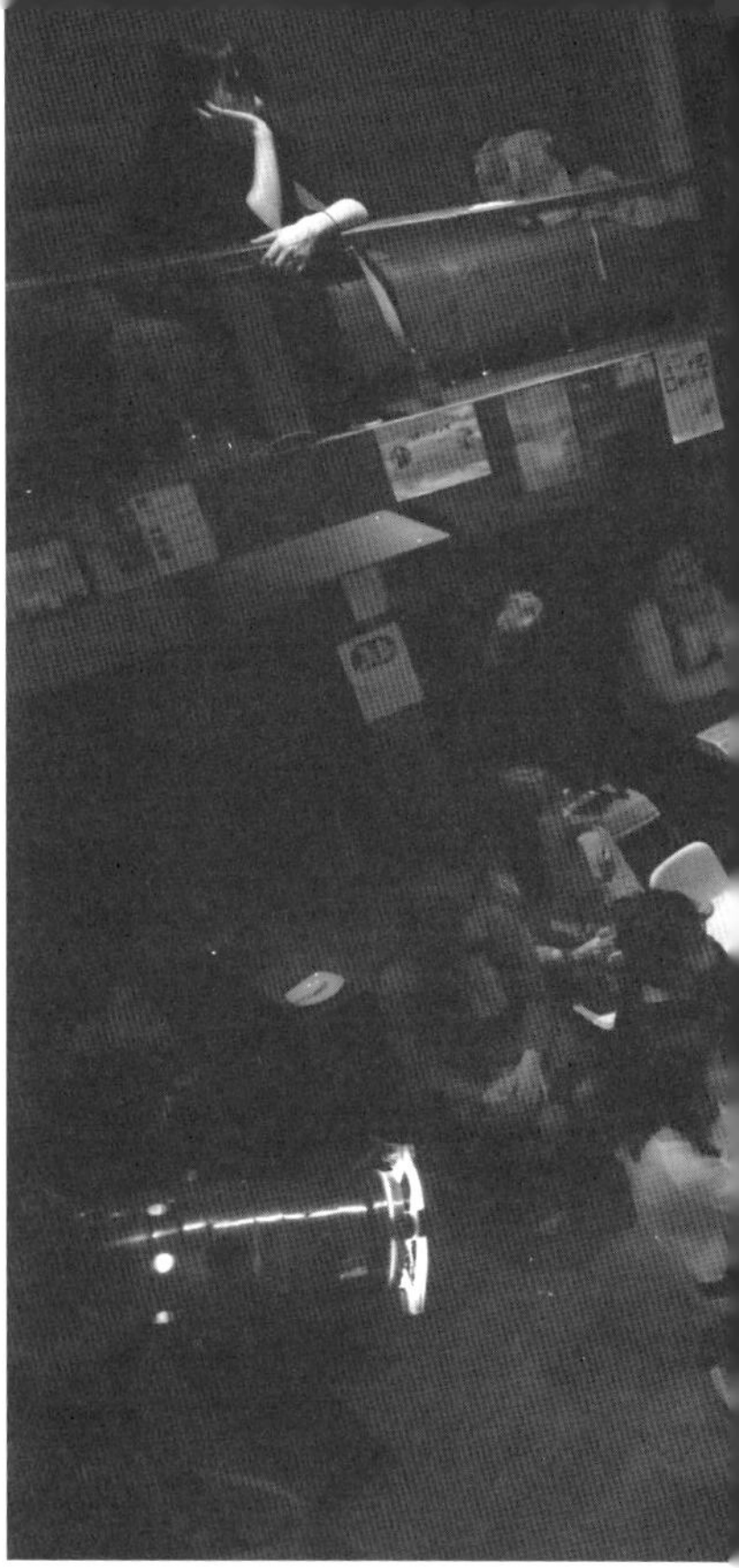

本中を回った。生で見て、体験することが、どれほど自分の幅を広げるか。「もう一度、それが見直される時代になる」と思う。

ハポンの店名に、「空き地」の文字を添えた。幼いころはどこにでもあった空き地。一人、また一人と集まり、自由に遊びをつくり出した。そんな創造の空間にしたかった。初代店主のスズキさんも、これまで集った若者たちも、思いはきっと同じ。

「東京、大阪は流行がどんどん入れ替わる。でも名古屋はわが道を行き、どっしりしている。みそじゃないけど、十年、二十年、熟成したものがたくさんある。豊かなんですよ」と森田さん。

毎日店を開け、さまざまな人が集ううち、場がエネルギーを持ってくる。人間に呼応する絶妙なサイズの空間。生き生きと息を吹き返したハポン。「やっぱり、わくわくしますね」。若手のライブに体を揺らしていた森田さんが、暗がりで屈託なく笑った。

長年、人を引きつけてきたハポン。そこで遊んでいた近所のかつての少年が、鶴舞駅前に食堂を出した。

じっちゃんがいた場所

地元で商売をやるなんて、思ってなかった。それも「じっちゃん」が店を構えた高架下で。

ＪＲ鶴舞駅のホーム下、鉄板居酒屋「パンダ食堂」（中区千代田五）が開店したのは三年前。ひょうひょうとしたパンダの看板がホームで客を呼び寄せる。渋い雰囲気の駅前に出現した小ぎれいな店は、若い女性やサラリーマンらが昼夜集う新スポットとなった。

店主の浅野文康さん（37）の祖父、母もこの高架下で商売をしてきた。明治生まれの亡き祖父が開いたのは、飲食店ではなく、ジーンズショップだったけれど。

岐阜市に生まれた祖父の一《かず》さんは戦前、名古屋の帽子店に奉公に出ていた。空襲で焼け出され、一時は岐阜に帰ったものの、都会の空気が忘れられない。戦後、名古屋に戻り、自力で商売を始めることにした。

今は市の美術館や科学館が集まる都心の白川公園（中区栄二）には当時、駐留米軍と家族が暮らすアメリカ村ができていた。住まいや教会、商店があり、中は車も走っていた。

一さんは知人のつてで、米軍の払い下げ品を売る小さな店を鶴舞近くに開いた。軍服などの洋服や小物、テント、寝袋、折り畳みスコップに水筒。物不足だったため、機能的な商品はよく売れた。

直輸入の衣料にも手を広げた。米国で不用品となったやぶれたジーンズを修理して売ることから始め、リーバイスのジーンズも扱うようになった。

この地方ではさきがけのような店だった。大卒初任給一万五千円、ジーンズ一本三千八百円。流行に敏感な若者たちが何カ月も貯金して、県外からも買いに訪れた。

わが道　受け継ぎ

洗いもかけていないバリバリの新品ジーンズ。「洗濯したら縮んだ」と当初、苦情が相次いだ。昔かたぎで一徹な一さんは「申し訳ないことをした」と、一サイズ上のものと交換してあげていた。

そんなことが度重なった。一さんは「迷惑を掛ける商売をしてはならん」と、風呂場のたらいで

じっちゃんの店と同じ高架下、2人の友人と「パンダ食堂」を切り盛りする浅野文康さん（左端）＝中区千代田5で

踏み洗いして干してを繰り返す「ウォッシュ加工」を考えつき、独自に実行した。リーバイスに加工を進言し、その成果などで日本支社から感謝状をもらった。

ＪＲ中央線の立体化を聞きつけて一九六五（昭和四十）年、高架下にジーンズショップを出した。ボブソン、エドウィンなど日本のメーカーも増え、ジーンズは普段着としてはく時代に。量販店が増え、そのうちメーカーは人件費が安い中国に生産拠点を移した。

一さんは日本の産地を案じていた。「業界も先が見えている。ジーンズにこだわる必要はない」。娘に店を任せた晩年、そう漏らした。孫の文康さんにも「好きなことをやればいい」と語った。実際、店の経営は厳しくなっていった。

進む道を探し、留学や市議の秘書を経験した文康さんは二〇〇五年、愛・地球博（愛知万博）のイベントで半年間、飲食の出店を手伝い、料理人の兵藤剣さん（38）と出会った。なぜか気が合い、飲んでは理想の店の構想を語って盛り上がった。

高架下の耐震工事でジーンズショップの移転話が出たのを機に、母は「五十年やり切った」と愛着ある店をたたんだ。移転先のホーム下で、文康さんは兵藤さんらと食堂を開いた。対面のカウンターでお客と語らう楽しい時間。今の店の繁盛は、優しくて大好きだった「じっちゃんのおかげ」と思う。三代ここで商売できることにも感謝だ。

最近やっと「鶴舞もいいな」と気付いた。栄のようにおしゃれでもなく、金山のように開発を頑張るわけでもない。大学は多いが学生街っぽくもなく、時が止まったような店もある。「人も店もゴーイング・マイ・ウエー。僕にも合ってる」。

かつてはにぎわった高架下も、今はあちこち空きがある。食堂が、若い店主たちの出店の呼び水になれば、とひそかに願う。

駅を挟んだ反対側。同じく鶴舞を盛り上げる、異様な熱気に包まれたスポットがある。

プロレスバー

カウント、ワン、ツー…。「返せ!」「頑張れーっ」。相手に押さえ込まれたレスラーが必死に身を翻すと、観客席から万雷の拍手が起こった。

鶴舞・高架下のスポーツ&プロレスバー「スポルティーバアリーナ」(中区千代田三)。毎週水曜日、全国でも珍しい常設リングで地元レスラーらが熱い戦いを繰り広げる。

「ヘッドロック!・すり抜けて、場外だっ」。リングからなだれ込むレスラー。歓声を上げる客。慌ててテーブルを避難させ、間近で始まるチョップ合戦を興奮気味に見つめる。

試合を堪能するのは、プロレス世代の男性だけではない。

「スポルティーバアリーナ」でのプロレスの試合。場外乱闘で店内の興奮も最高潮に＝中区千代田3で

バーカウンターに座る看護師の桑原有沙さん（32）は二年前から通う。目を覆う場面もあるが「めっちゃやられてるのに、それでも向かっていくのがすごい。私はあきらめちゃうタイプだから」。職場は急変の多い循環器科。張り詰めたストレスがいつしか発散され、「また頑張ろう」と思える。

よく通る声を張り上げて、一人声援を送るのは会社員の坂田友佳

さん（32）。「八百長といわれても、ぶつかり合いは本気。打たれてもまた立ち上がる姿に涙が出る」。本気で立ち向かうもののない自分には、うらやましくもある。

「ほかで得られない感情が、ここで生まれているのかも」。最近増えた観戦初心者を見て、バーを運営する会社の会長斉藤涼さん（43）は思う。失意から勇み立つストーリーは人生に似ている―。

二十年前、故郷の九州を出た。名古屋を選んだのは、そのとき飲み屋で一緒になった男性の出身地、というだけ。知り合いもいない冬の街。所持金七円。ゲームセンターで暖を取った。住み込みのホストの職を見つけて三年勤めたが、世知辛さに嫌気が差した。

二〇〇一年、サッカーなどの試合を放映するスポーツバーを中区に開いた。格闘技も映したが、プロレスは一時の熱を失っていた。ある日、たまたま訪れた有名団体の試合会場で、勝手に宣伝ビラを配っている地元レスラーがいた。「うさんくさいな」と思いつつ話を聞き、一緒に飲み、彼らの試合を見た。

戦いの場　地元選手に

「つまんねえな」「そこまでいうなら興行やってよ」「分かった。スターにしてやる」。ノウハウも何もなく、プロレスの世界に飛び込んだ。失敗を重ねながら手探りの興行を続けた。選手や客と泣き笑いするうち、のめり込んでいった。

〇八年、地域密着のプロレス団体を立ち上げるころ、高架下にあった新日本プロレスのグッズ店が閉まり、そこにスポルティーバを開いた。

練習生を受け入れ、厳しいしごきに脱落者も多い中、晴れて七人がデビューした。東京の団体に移籍し、全国に名を売る選手もいる。「この地と人が育てたレスラーは東京でも評判がいい」。名古屋のプロレスを盛り上げてきた自負はある。

閉鎖の危機や選手の大けがもあった。「もう続けられない」とあきらめそうになっても、お客が、選手が「またやろう」と集まってくる。「まちに愛されるプロレスをやってきたんだ」と何度も火が付いた。

営業終わりに一人酒を飲み、今も悩むことがある。でも「一人でも見続け、支えてくれる人たちの思いがあるから続けていかないといけない」と思う。今の自分はプロレスを通じて出会った名古屋の人たちに育てられてできている。「その日が楽しけりゃいいと思っていたんだけど…」。

地元レスラーたちは兼業しながら練習を積み、リングに上がる。「汗かいて頑張ってるみんなを十分食わせてやれない」。だからまだ、プロレスを「好き」とは言えない。

大音量の入場曲。歯切れよいアナウンス。激しい試合の後、息を切らした若手レスラーが一人、リングでマイクを握った。「テレビでやってるだけがプロレスじゃないんで。ちっちゃいハコですけど、毎週やってるんで、友達連れて、また来てくださいっ」

その姿をバーカウンターから見ながら接客する丸刈り男子も、実はレスラーだ。

煩悩兄弟

自分とそっくりな他人がいたら―。気にくわないと避けるだろうか、無二の友になるだろうか。

丸刈りの中肉中背、真面目だけどちょっとお調子者。鶴舞・高架下のスポーツ&プロレスバー「スポルティーバアリーナ」（中区千代田三）で活動するレスラー伊東優作さん（24）と後輩の阿部史典さん（21）は、よく似ている。

「最初、僕かと思った」。伊東さんは、二〇一五年五月にデビューした阿部さんをインターネットで見て驚いた。プロレスでキャラがかぶるのはご法度。「俺のキャラ、パクってんじゃないよ」。

病気欠場中のことだった。

伊東さんが重度の腎不全に倒れたのは、デビュー二年目の一四年。一カ月ほどで体重が十五キロも減っていたが、「まさか自分が」とそれほど深刻に考えず、四日前まで試合をしていた。すぐに集中治療室へ。「末期」と言われ一週間、涙が止まらなかった。

幼いころから深夜テレビでプロレスを見て、「体一つで人を感動させられるなんて」と憧れた。小柄で無理とも思ったが十八歳の時、兄の同級生のレスラーに会い、気持ちを抑えられなくなった。

全力の試合を終えた後、練習のリングに上がる伊東優作さん(左)
=中区千代田3の「スポルティーバアリーナ」で

「プロレスやりたいんです」。一週間後、連絡があった。呼び出され、ケガの危険や不安定な生活の話を聞かされた。「何を言われても右から左、やるの一点張りだった」。レスラーになるための練習が始まった。

朝七時から清掃の仕事をし、午後は看護師の資格を取るため学校へ。夜はプロレスの練習にあて、帰宅後、午前二時まで勉強した。デビュー後は名古屋や東京で活躍した。

道半ばの入院は一カ月。退院後も二日に一回四時間、血液を浄化する透析に通った。水さえ制限される生活。三カ月後、父親から腎移植を受けた。

よく似た後輩と共闘

「移植後にスポーツで成功した人はいないのか」。調べてみると、復帰後に大活躍したバスケットボール選手やサッカー選手がいた。「もう一度、レスラーをやりたい」。食事で体重を戻し、地道なトレーニングで復帰の準備を始めた。

そのころ初めて、「そっくりレスラー」の阿部さんに偶然会った。阿部さんは、京都の寺で僧侶になるための修行をしながら、レスラーを目指した変わり種。就寝時間の午後九時を待って、夜な夜なバイクでジムに通った。「文句を言われないように、ほかのやつらより率先してやった。上の人たちは見守ってくれていた」。岡崎市にある親戚の寺に就職し、早朝から夕方まで僧侶として勤め、夜はスポルティーバで下積みをし、二〇一五年にデビューした。

同じように幼くしてプロレスに憧れ、小柄で一時はあきらめたが、苦労して夢をかなえた二人。会えば「何の化学反応か、前から知ってたみたいな雰囲気で」と笑う伊東さん。練習も食事も、遊びも一緒の日々を過ごした。

思い切って決めた今年一月の復帰戦。そのころ東京で活躍し始めた〝うり二つ〟の阿部さんは、前日に新幹線で名古屋に駆け付け、練習を手伝ってくれた。伊東さんは試合に負けたが、「やっと日常が戻ってきた」とうれしくて泣いた。「今から頑張りましょう」と阿部さんが言った。

キャラのかぶりを逆手に取り、四月から「煩悩兄弟」のタッグを組む。イケメンでも大柄でもない二人が、試合を華やかにする。

プロレスは個人競技だと思っていた。阿部さんと出会って一年。相棒がいることが心強い。「一緒に良い景色を見たい」と思う。テレビで見た選手たちのように、強く。「僕みたいな病気の人も勇気づけられるように」

今も通院しながら試合や練習に励む。時々、弟分の阿部さんに怒られる。「プロレス好きっすから、やりすぎちゃって」。また悪くなる可能性もないわけじゃない。でも、だから、今日を全開で頑張る。

スポルティーバの二階で疲れて眠ったレスラーたちを電車の響きが起こすころ、四百メートルほど離れた高架下に暮らす老夫婦が、店を開く準備を始める。

王様のコーヒー

「八雲　王様のコーヒー」は、ツルマイ高架下商店街（中区千代田五）にある喫茶店。「王様はみなさまと読みまーす」とマスターの落合広一さん（87）。妻の治子さん（74）と高架下に住みながら半世紀、店を営んできた。ダンサーだった広一さんの趣味で、店にはジャズが流れる。「ジャズに始まり、ジャズに終わるってね」

戦後、旅館を営む広一さんの実家を頼って中国・大連から引き揚げてきた男性に社交ダンスを習った。大広間の畳の上、曲はディック・ミネが歌う和製ジャズの「上海ブルース」。リズムに合わせて踊る楽しさは、戦時中には味わえなかった。

大正期以来のダンスブームが日本で始まった。男性が開いたスタジオを手伝い、競技ダンスに打ち込んだ。新しい師匠につき、名古屋代表や西日本チャンピオンにもなったが、ペアの女性の病気で全日本の夢は破れた。

ダンス講師やダンスホールのマネジャーをしていた三十四歳のころ、栄の練習場に習いに来た二十歳の治子さんと結婚。好きだった「コーヒー屋」を一九六三（昭和三十八）年、できたばかりの鶴舞・高架下に開いた。

コーヒー好きはダンスの師匠譲り。名古屋中はもちろん神戸、大阪、京都と遠征先の名店を一緒に巡り、作法や味を学んだ。「昔は濃い、一杯飲めば一日満足ってコーヒーだった」と懐かしむ。

「ダンスで一番になれたんだから喫茶店でも。王様に差し上げるような一番のコーヒーをお客さまに」。そう決めて、ホットもアイスも独自の「ヤグモブレンド」を研究した。

店名の「八雲」は、実家の旅館のふすまにあしらった雲と、末広がりの八、親しんだ作家のラフカディオ・ハーン（小泉八雲）から取った。箱入り娘の治子さんは、旅館で板さんに料理を習った。

半世紀　夫婦のリズム

店の売りは、旬のフルーツの生ジュースに、サンドイッチ。後に、広一さんが家で研究した特製カレーも加わる。二十三種類のスパイスを炒《い》って作る、子どもたちにも人気の「ちょっと大人っぽい」本格カレーだ。

開店当初は年中無休。店の二階で暮らし始めた。「何時何分で電車が通って大変だろうと思ったけど、疲れ込んで寝ちゃってね。音は何ともなかった。神経が細い人はダメだね」と広一さん。息子三人もここで育てた。治子さんは店に立ちながら、時々上に行ってはミルクを与えた。

半世紀、高架下で喫茶店を営んでいる落合広一さん（右）と妻の治子さん＝中区千代田5の八雲で

「子どもたちは車の音にはビクッとするけど、電車の音には起きないの。不思議だね」

高度経済成長期の昭和四十年代。線路の先にベッドタウンができ、電車の本数も増えた。商店街はレコード、布団、タンスに学生服、果物、食堂と二十五店舗でにぎわった。近くの名大病院の医師や患者、出入り業者も、八雲でつかの間の休息を楽しんだ。

「公会堂でやっていたメーデーの日なんか、組合の人たちでぎゅうぎゅう。もういやになるくらい。座れなくて立ってコーヒー飲んどった」と治子さん。体がぶつかるほど混み合う店内。材料が切れ、午前中で店を閉めた。

今は商店街の店も減り、喫茶店の空気も、夫婦の歩みとともに、のんびりしたものになった。自販機でもコンビニでもコーヒーは安く手軽に飲める。「おいしいコーヒーを一日の糧に働く時代じゃなくなったのかな」と広一さんはつぶやく。

イラストを添えた手書きのメニューに、フルーツジュース、広一さんの特製カレーとコーヒー。高架下で育てたこだわりの店。「二人でよくやった方じゃないか」と広一さん。「今の静かさがちょうどいいわ」と治子さん。そういえば結婚以来、一度もけんかをしていない。

穏やかなジャズに、電車の音が混じる。マスターがオレンジを切り、妻の作ったサンドイッチに添える。それは五十年、変わらないリズム。

記者の一言

鶴舞の高架下は雑多だ。早朝から深夜まで、さまざまな人たちが行き交う。始発。小柄なヒゲのマスターが喫茶店を開ける。公園で体操してきた年寄り仲間が厚切りトーストを食べ、新聞を広げて世間話。医学書店や調剤薬局、美容室が開く。父と息子のすし店でランチが始まり、ニットサロンをのぞくと、おばあちゃんたちが日がな一日編み物をしている。

夕方過ぎれば、赤ちょうちんの店はサラリーマンや学生でいっぱい。広島焼き店はカープファンで盛り上がり、バーでは中国人女子がウイスキーを作る。終電後、酔客を迎えたお母ちゃんのラーメン店ものれんを下ろす。

書き切れなかった高架下の面白さ。歩いてみないと分からない。

（小椋 由紀子）

街角トピック

JR名古屋駅から10分弱の鶴舞駅。市営地下鉄鶴舞線も通る。

JRの駅を出ると、1909(明治42)年に市初の都市公園として整備された鶴舞公園が広がる。和洋折衷の自然公園で桜の名所。ローマ様式の大理石柱に岩組みの噴水塔、イタリア・ルネサンス風の奏楽堂、バラ園、茶室などがある。

昭和天皇のご成婚を祝って30(昭和5)年に完成した市公会堂もある。レトロな外観で名古屋を代表する昭和初期の近代建築だ。半世紀以上、洋楽の大物の公演を続け「名古屋の洋楽ロックの聖地」とも言われる。

公園は若者たちの「聖地」でもある。コスプレ撮影のほか、2016年夏以降は人気ゲーム「ポケモンGO」でモンスターが集中する聖地に。人が殺到し、違法駐車や少年の深夜徘徊《はいかい》が問題となった。

園内には市図書館の中核を担う鶴舞中央図書館があるほか、JR駅西側には戦前からの古書店街がある。近くに名古屋大医学部など大学や専門学校があるためで、最盛期の90年代には7店が並んだが、現在は2店を残すのみとなった。

ちなみに、駅や地名は「つるまい」だが、鶴舞中央図書館と鶴舞公園、近くの鶴舞小学校の3カ所だけは「つるま」と読む。

第11話 守山駐屯地

名古屋市守山区は、陸上自衛隊守山駐屯地（同区守山3）がある「自衛隊の街」だ。東海北陸地方を統括する第10師団司令部や通信大隊、第35普通科連隊などが拠点を置き、高校や大学を卒業して間もない若い自衛官たちが全国各地から集まってくる。故郷を離れて社会人の一歩を踏み出した彼らを温かく迎え入れ、家族同然に接してきたのは、駐屯地一帯で暮らす地域住民たちだ。自衛官と住民たちの交流にまなざしを向ける。

おっかあ

スナックのママみたいな、ちょっと派手な服がトレードマーク。店の制服を着ていなくても、客はみんなオーナーだと知っている。

「おっかあ、こんにちは」「あら、いらっしゃーい」。店先で、迷彩服姿の客と世間話に花が咲く。陸上自衛隊守山駐屯地の中には、自衛官向けのコンビニ「ミニストップ守山駐屯地店」がある。オーナーの相田弘子さん(72)が出勤するのは、昼休みの客が押し寄せる正午前後。といっても、あくせくレジ打ちをするわけではない。とにかく店にいることに意味があるのだ。単なる雑談から職場の人間関係の悩み、子どもを授かった報告、時に結婚や離婚の相談まで。何か不思議な引力でもあるのか、買い物に来る自衛官は、包み隠さずプライベートな話を打ち明ける。いつしか付いた愛称は「おっかあ」。

そう呼ぶ常連客の一人、第三五普通科連隊の笠井満さん(39)は来店すると、必ず相田さんの姿を探す。一九九五年に高卒で入隊してから二十年来の付き合い。二〇一六年六月、相田さ

◀買い物に来た自衛官の前でポーズを取ってみせる相田弘子さん(手前左)。「おっかあ」の周りは笑いが絶えない
＝守山区守山3のミニストップ守山駐屯地店で

んが雨で滑って転び、膝を痛めたと聞いた時には「歩けないならおんぶします」と真っ先に駆け付けた。「心配で心配で。自衛隊の人じゃないのに、誰よりも僕たちのことを分かってくれるから」

同市中区大須生まれの相田さんが守山区へやって来たのは一九八〇年。この地が「自衛隊の街」であることをさっぱり知らないまま、夫と娘二人の家族四人で駐屯地の近くにあるマンション九階に引っ越した。すると住み始めた最初の朝一番、大きなラッパの音が響き渡った。「何事？」。一家が慌てて飛び起

き、窓から外を眺める。音の正体は、自衛官が起きる時間を駐屯地内へ一斉に知らせる「起床ラッパ」だった。

自衛官　わが子のよう

そんな突然の出来事で駐屯地の存在を知ってから間もなく、相田さんは駐屯地内のクリーニング店で受け付け業務のパートを始めた。出入りをしていると、自衛官や中で働く人との付き合いが次第に増えていく。一九八四年、同じく駐屯地内で営業していた喫茶店の経営者が退くことになり、顔見知りだった相田さんに「後をお願い」と声が掛かった。二〇一四年に閉めるまで三十年続いた喫茶店「マドンナ」の始まりだ。

当時、二十歳前後の自衛官は血の気が多く、店内で客同士の口論や取っ組み合いも珍しくなかった。でもトラブルになると、必ず上司が飛んできて、そろって頭を下げる。次の日には「おっかあ、ごめんなあ」。頭をかきながら、前日にさんざん迷惑を掛けた自衛官がまたコーヒーを飲みに来る。「しょうがない子だねえ」。不器用で、どうしても放っておけない。わが子を見守るような気持ちが芽生えた。

すると仕事を離れても、彼らのことが気になって目が離せなくなる。過酷な「レンジャー訓練」に臨む若い自衛官たちが、山ごもりを終えて岐阜県白川町から約八十㌔の道のりを歩いて帰ってくるときには必ず駐屯地で出迎えた。富士山の登山駅伝に挑む自衛官チームの応援へ行き、声援を送ることも。

家族同然の付き合いを続けて二十年余りが過ぎたころ、駐屯地にコンビニを設ける計画が持ち上がった。「自衛官と関わるのが面白くて。もっと彼らを見ていたい」。相田さんは公募に手を挙げ、一〇年四月にミニストップを開いた。

いまや「入隊したばかりの子以外は大体顔が分かる」という相田さん。でも、コンビニ経営は完全な素人だった。

「ああ、また赤字だ…」。帳簿を眺めては、店の奥で頭を抱える日々。そんな窮地を救ったのは、コンビニ経営に猛反対した娘たちだった。

娘たち

平日の正午すぎ。陸上自衛隊守山駐屯地で相田弘子さん(72)が経営するコンビニ「ミニストップ守山駐屯地店」は、大勢の自衛官でごった返す。

レジに立つ三上知子さん（左）と北村砂矢佳さん。姉妹で店を支える
＝守山区守山3のミニストップ守山駐屯地店で

弁当やおにぎりを求め、店の外まで長蛇の列が伸びる。「いつも、ありがとうございまーす」。おなじみの紺色のキャップと制服を着た女性二人が、笑顔でレジを打っている。相田さんの長女の三上知子さん(47)、次女の北村砂矢佳さん(43)だ。

クリーニング店のパートや喫茶店経営など約三十五年にわたって駐屯地内で働いている母が、コンビニを開いたのは二〇一〇年春のこと。「わが子みたいな自衛官ともっと付き合っていたくて」。思いが先走り、家族にまったく相談しないまま出店を決めてしまった。

開店直前になって、母から急に「私、コンビニを始めるんだよねえ」と聞かされた知子さんは、あっけにとられた。そんな大事な話を勝手に決めるなんて…。しかも店を開くために、家が一軒建つほどの借金も内緒でしていた。家族そっちのけで自衛官を応援する母に長年目をつぶってきた知子さんも、たまらず爆発した。「そんな博打みたいなことをするなら、親子の縁を切る！」たんかを切ったのに、今度は母から「このままじゃ店が回らない」「これから不安」と毎日のように電話口で泣きつかれた。そう言われると放っておくこともできなくなり、オープンから一カ月だけの約束で手伝うことになった。

店へ来て驚いたことに、コンビニ経験のある従業員は一人もいなかった。うっかり商品発注を誤ってしまい、客が少ない休日に売り切れるはずのない大量の弁当が届いたり、逆に客が多い平日の昼に弁当を切らしたり。カップラーメンやお菓子の商品棚が、まるで閉店間際のコンビニのように空っぽになったこともあった。「食べ物ないの？」とあきれ返る自衛官たち。客は遠のき、赤字ばかりが膨らんでいく。

真心の応援受け継ぐ

窮地に直面して知子さんは辞めるに辞められなくなり、一カ月の約束のはずが二カ月、三カ月、半年、一年…。いつしかマネジャーという役職まで与えられ、休まずに店で働き続けた。商品発注に従業員への接客指導、雑談しながらの客との顔つなぎ。経営が軌道に乗るころには、オープンから二年が過ぎていた。

知子さん自身、駐屯地との縁はもともと浅くなかった。高校、大学生のころには六年間、母がかつて駐屯地内で経営していた喫茶店「マドンナ」を手伝っていた。客の自衛官と一緒に店でおしゃべりしたり、仲良くなってみんなでスキー旅行へ出掛けたり。そのころから顔見知りの自衛官も少なくなく、コンビニで働くことにやりがいも感じるようになった。

「大変そうだから手伝おうか?」。一六年六月、夫の転勤で大阪から戻ってきた砂矢佳さんも店に加わった。担っている大切な仕事の一つが、大学時代に学んだ裁縫の腕を生かし、自衛官から預かった階級章や記章を迷彩服に縫い付けるサービスだ。

客の波が引くと店の奥にこもり、ミシンの音を響かせる。自衛官の位を示す階級章や記章を一ミリもずらすことなく、襟や胸元の所定の位置に付けていく。「頑張らないともらえないものだから。きれいに仕上げないと」。母の影響で駐屯地へ出入りするうちに自衛官と出会い、結婚した砂矢佳さんは、十分にその重みを分かっている。

砂矢佳さんが店で働き始めて間もない六月中旬、南スーダンでの国連平和維持活動(PKO)を終えた自衛官たちが駐屯地に帰ってきた。晴れやかな表情で堂々と行進していく。そんな彼らを率先して出迎えたのは、長年応援してきた母だけではない。彼らの苦労を知っている知子さんら従業員たちも、歓声を上げながら手を振った。

「いつの間にか、母と一緒になっちゃって」と照れ笑いする知子さん。行進の列に知った顔を見つけ、また大きく手を振った。その中に、いつも店に来る通信大隊の一等陸曹、内藤聖二さん(40)の姿もあった。

第二の故郷

夕方になっても、アフリカの太陽は、容赦なく赤土のグラウンドに照り付ける。国連平和維持活動（ＰＫＯ）で陸上自衛隊が宿営地を置く南スーダンの首都ジュバ。日中の任務を終え、自衛官たちが余暇のサッカーに汗を流す。その輪の中に「ＭＯＲＩＹＡＭＡ」のロゴが入ったＴシャツ姿の男性がいた。

守山駐屯地の通信大隊に所属する内藤聖二さん（40）は二〇一六年六月まで半年間、現地で通信業務を担った。つかの間の余暇活動で着ていたのは、自身がコーチを務めている名古屋市守山区のサッカークラブ「守山ＦＣ」のシャツ。遠く日本を離れても「クラブの一員だから」と私物用の小さなコンテナに詰め込んだ。

守山ＦＣは、幼児から社会人まで二百二十人が活動している。内藤さんがボランティアでコーチとして教え始めたのは二〇〇九年ごろ。長男の瑞己さん（16）が六歳で入団して二年が過ぎたある日、練習後の迎えに行ったら、代表の深田題巨《だいひろ》さん（54）に「手伝ってほしい」と誘われた。

幼少期から高校まで剣道一筋だった内藤さんには、さっぱりサッカーの経験がない。「やったことないですけど、僕で大丈夫なんですか？」。突然の誘いに戸惑い、返答に詰まる。だが深田さんは、あっさりと言った。「大丈夫ですよ」

実はこのころ、コーチ陣の人手が足りず、深田さんはチーム運営に頭を悩ませていた。「いつも体を動かしている自衛官なら、きっとうまくやってくれる」と期待したのだ。そのもくろみ通り、内藤さんは子どもたちと一緒にボールを蹴ったり、対外試合の遠征を引率したりしているうちにチームに溶け込んだ。自然とサッカーの技術も身に付き、いつの間にか教えられるまでになった。

サッカーで地域と絆

兵庫県出身の内藤さんは高校を卒業した後の一九九五年に入隊して以来、ずっと守山駐屯地で働いている。もともと名古屋にゆかりはなく、入隊後の人付き合いはもっぱら全国から集まってきた同僚ばかり。名古屋に来て三年後に知り合った岡山県出身のなぎささん（45）と職場結婚したが、駐屯地の外へ一歩出ると、頼れる人はもちろん、顔を知る人すらほとんどいなかった。

守山FCはそんな環境を一変させた。二〇一二年秋、椎間板ヘルニアの手術で三週間入院した時には、教え子だった男子中学生たちが見舞いに駆け付けた。サプライズで手渡された寄せ書きには「早く治してまた一緒にサッカーしましょう！」のメッセージ。ベッドの上で、何度も何度も読み返した。「ただ守山にいるだけだった自分にも、応援してくれる人がいるんだ」

コーチの平岩由美子さん（中央右）と一緒に子どもたちを指導する内藤聖二さん（同左）。守山FCを通してすっかり地域に溶け込んだ＝守山区牛牧の小幡緑地で

南スーダンへ出発する前には、一緒に教えているコーチ仲間の平岩由美子さん（44）に「テロとか病気とか、向こうは本当に大丈夫なの？」としきりに心配された。「気を付けて」とサッカーシャツやタオルをプレゼントされ、守山ＦＣのシャツと同じように南スーダンへ大切に持って行った。

後輩の男性コーチ陣は「激励会」と称して、地元の中華料理店で飲み会を開いてくれた。何か特別なことをするわけでもなく、いつも通り、わいわいと生ビールを飲んで冗談を言い合うのが楽しかった。

帰国してからは、平岩さんと一緒に女子小学生らを教えている。ボールを追い掛ける選手たちに寄り添い、手をたたきながら「もう一回チャレンジしよう！」と鼓舞する。一六年九月に初めて愛知県大会で三位入賞を果たし、これからの成長がとても楽しみなチームだ。

いつしか自信を持って、守山を「第二の故郷」と言えるようになった。「ちょっとずつ、恩返しができるといいなあ」。自分の居場所を与えてくれた守山FCを、これからも支えていきたいと思っている。

青春の味

陸上自衛隊守山駐屯地の正門を出て、細い路地へ入ると、青いトタンの壁の小さな店がある。一九六六（昭和四十一）年から続くお好み焼き店「だるまや」。十畳ほどの店内は、香ばしいにおいで満たされている。キャベツに桜エビ、卵を載せたお好み焼きと焼きそば。駐屯地で働く自衛官の腹を半世紀にわたって満たしてきた看板メニューだ。

「今までいくつ焼いたかねぇ」。開店当時からずっと変わらない鉄板の前で、店主の進藤妙子さん（77）が記憶をたどり始めた。

この場所で生まれ育った進藤さんの人生は、守山駐屯地、そして自衛隊と切っても切り離せない。

物心ついたころには、旧陸軍が今の駐屯地の場所にいた。馬にまたがって行列をつくり、「パッカ、パッカ」とひづめの音を響かせながら出入りする姿を覚えている。戦争が終わると、今度は敵だった米国の進駐軍がやって来た。これまでの人生で見たこともない外国製の長い車やカブトムシみたいに丸っこい車が、砂ぼこりを巻き上げながら行き交う。守山駐屯地は、時代の変化をまるで鏡のように映し出した。

五四年に自衛隊が発足してしばらくした後、二十歳を過ぎた進藤さんは駐屯地内の保険窓口で働き始めた。顔なじみの自衛官に「こんな人がおるけど、どう?」と紹介されたのが、一九九八年に他界した夫の清さんだった。守山駐屯地一筋に勤め上げた自衛官だ。

結婚してから自分の店を持つ夢をかなえたくて、保険窓口の退職金八万円をはたき、自宅に「だるまや」を開いた。お好み焼き店にしたのは「そんなにお金がかからなくて、手っ取り早く始められそうだったから」。ずっと使い続けている鉄板は、知り合いの大工が分けてくれたものだ。

50年間、進藤妙子さんが焼き続けてきたお好み焼きは、自衛官たちの「青春の味」だ=守山区守山3のだるまやで

半世紀　愛情で満腹に

「転んでも何遍でも起きろよ」。店の名前は、開店をことのほか喜んだ知人の自衛官が、激励の思いを込めて授けてくれた。

今も昔も、入隊して間もない自衛官は、駐屯地内に住み込むのが伝統だ。そのすぐそばにある店をにぎわせてきたのは、外出許可を得て、羽を伸ばしにやってくる若者たちだった。二十代のころに通い詰めた元自衛官の藤井清史さん（60）＝名古屋市守山区八反＝は「行けば誰かがいる。ホッとできる家みたいな場所」と振り返る。思い出すのは、駆け出し時代の苦しい訓練と、だるまやで過ごしたつかの間の安らぎだ。

駐屯地内では厳しい上官とも、店で会えば分け隔てなくビールを酌み交わす。全国から集まってきた隊員たちの方言が飛び交った。

その横で進藤さんが鉄板に向かいながら、話に花を添える。午後十一時近くになると「ほらっ、時間だよ」。進藤さんの合図で、門限が迫った自衛官が慌てて店を飛び出していく。藤井さんも手土産の焼きそばをぶら下げ、駐屯地へ滑り込んだ。

常連の間では「進藤さん」よりも「だるまやのおっかあ」の方が通りがいい。

昭和のころ、若い自衛官が全国各地へ演習に出掛ける時には、朝早くからご飯を炊いておにぎりを何十個も握り、パックに詰めて持たせた。演習から帰ってくると、汗と泥まみれの服を何人分も預かり、自宅の洗濯機を一日に三、四回転させた。当時は駐屯地内の洗濯機の数が限られ、順番待ちが続いていたからだ。そんなおせっかいの数々も、すべては「自衛官がかわいいからに決まっとるがね」。

だからこそ、彼らが仕事で壁に突き当たった時、口酸っぱく伝えてきた言葉がある。「使われるのが嫌なら、使う身になれ」。今は下っ端でも偉くなって組織を変えるくらいの気概を持て、という「おっかあ」なりのエールだ。

かつて自衛官だった高桐鉱二さん（57）＝愛知県尾張旭市旭ケ丘町＝も約三十五年前、そう諭された一人だ。人生を大きく左右する決断が目前に迫っていた。

花道の先に

だれでも、仕事の愚痴をこぼしたくなる瞬間がある。陸上自衛隊守山駐屯地のそばで半世紀にわたって営業しているお好み焼き店「だるまや」には、悩める若い自衛官も多く集まってきた。同僚との人間関係、反りが合わない上官、厳しい訓練への不安…。いろんな事情を抱えた自衛官が、「おっかあ」と慕う店主の進藤妙子さん（77）に、心の内をさらけ出す。

　およそ三十五年前、一九八一（昭和五十六）年のある夜。のれんを下ろして、進藤さんが店の後片付けをしていると、当時二十二歳だった常連客の高桐鉱二さん（57）＝愛知県尾張旭市旭ケ丘町＝が、一人でふらりと現れた。

　外泊許可を得て何軒か飲み歩いてきたのだろうか、既に午前零時を回っている。「辞めるかどうか迷っとる」。いつもは冗舌な高桐さんが、言葉少なに切り出した。

　入隊四年目。守山駐屯地で働きながら夜間大学に通い、四年生になっていた。入隊当初から自衛官をずっと続けるつもりはなく、大学を卒業してから民間へ就職することを希望していた。就職活動をして、成長が見込まれていた地元の陶器メーカーから「ぜひ幹部候補として採用したい」と内定をもらった。

　喜んだのもつかの間、内定後に「勉強しておいて」と厚さ三センチほどもある専門書を三冊

進藤妙子さんと自衛官時代の話に花を咲かせる高桐鉱二さん（左）。
定年までに何枚のお好み焼きを食べただろうか＝守山区守山3のだるまやで

渡されてたじろいだ。開いてみると、目に飛び込んできた[illegible]は、アルファベットや元素記号の羅列。「俺にはできん…」。何が書いてあるのか全く理解す[illegible]とができず、自信をなくして本を閉じた。

勇気もらった　あの日

民間へ移るか、それとも自衛隊に残るか―。迷っていた高桐さんに、向かい合った進藤さんは「何を言っとる。お前は自衛官に向いとるんだから頑張れ」とためらいなく言った。駐屯地の前で生まれ育ち、多くの自衛官と付き合ってきた進藤さんは、高桐さんが自衛官に合っていると分かっていた。飲まず食わず、二人の話は午前三時にまで及んだ。

後日、高桐さんは隊の上官に「内定先に断りに行きたい」と告げた。一緒に会社へ出向き、頭を下げてもらった。この直前、店で説得した進藤さんは、知り合いだった上官に電話をして「高桐君は迷っていたけれど、頑張って自衛官を続けるみたいだからよろしく頼むよ。良いふうに配慮してあげてね」と伝えていた。

それから高桐さんは、守山駐屯地に拠点を置く第三五普通科連隊で訓練に打ち込んだ。厳しい山ごもりで知られるレンジャー訓練も経験し、中堅になってからは人事担当として自衛官の昇級や異動の調整を任された。

二〇一三年四月五日は、よく晴れた日だった。

高桐さんは守山駐屯地一筋に三十五年間勤め上げ、五十四歳の定年退官を迎えた。自衛隊は誕生日が定年となり、駐屯地総出で見送るのが伝統だ。昼すぎ、五百人以上が門まで長い花道をつくり、花束を抱えた高桐さんはその真ん中を歩いていった。門出を祝福し、音楽隊の演奏が響き渡る。青空に、桜吹雪が舞った。

拍手を浴びながら駐屯地を一歩出ると、どこで聞きつけたのか、進藤さんが正門の前で待っていた。「お前は『辞める』って言ったこともあったのに、ようここまで頑張った。立派になってよお」。高桐さんの肩を二度、三度、ポンポンとたたく。互いに涙はなく、晴れやかな笑顔だ。

店で諭された三十五年前のあの夜は、随分と酔っていたのだろうか。高桐さんは実のところ、どんなやりとりをしたのかあまり覚えていない。

でも、その後も仕事でつまずくたび、だるまやで何度となく食べて飲み、「おっかあ」に背中を押されてきた。その支えがあったからこそ、定年の日を迎えることができたのは確かだ。

高桐さんは今、大治町役場で防災指導員として働いている。自衛官時代に東日本大震災や豪雨、土砂災害などの対応に当たった経験を生かし、地域に出向いて防災を語っている。備蓄の大切さや避難所生活の注意点、土のうの作り方など、伝えることは相手によってさまざま。でもどんな場所へ行っても、話の冒頭には必ず、胸を張ってこう言っている。

「私は陸上自衛隊の出身です。三十五年間勤めました」

記者の一言

ミニストップ守山駐屯地店を経営する相田弘子さん一家は、まるで喜劇のようだった。家族に黙って、突然にコンビニを始めてしまう天真らんまんな相田さん。そんな母親に愛想を尽かせながらも、いつしか店を支えるようになったしっかり者の娘たち。一家には申し訳なかったけれど、インタビューをしながら何度笑ってしまったことか。

だるまやの進藤妙子さんは「生き字引」という言葉がぴったりの人だ。郷土史の文献にも載っていないような駐屯地の歴史を克明に語り、歴代の自衛官との思い出も数え切れないほど聞かせてくれた。

四方を塀に囲まれ、いつも正門に警備の自衛官が立っている守山駐屯地には、どこか取っ付きにくい印象を抱いていた。でも取材を終えるころには、地域住民、自衛官とも、たくさんの顔が浮かぶようになった。今も時折、駐屯地周辺を歩いている。

（河北 彬光）

街角トピック

陸上自衛隊守山駐屯地は、ナゴヤドーム2.5個分に相当する11.7ヘクタールの広さがある。古くは一帯を演習場として利用してきた旧陸軍が、1897（明治30）年に歩兵連隊の拠点を置いたのが始まり。1945（昭和20）年の太平洋戦争終了後に米軍が駐留したのを経て、1959年に陸上自衛隊が現在地に守山駐屯地を設立した。

駐屯地では約1,700人が働き、若い自衛官は敷地内の寮で生活している。このため周辺には昔から自衛官を相手にしてきた店が多く、居酒屋やスナックなどが立ち並んでいる。鉄道の最寄り駅は、名古屋鉄道瀬戸線の「守山自衛隊前」だ。

敷地内で営業する「ミニストップ守山駐屯地店」は一般的なコンビニの商品のほかに、迷彩柄のリュックサックや手袋、ヘッドライトなど約3,000点の自衛官向けグッズを販売している。普段は一般の人は利用できないが、駐屯地が開放される4月の駐屯地創立記念行事、8月の納涼行事（盆踊り）、10月前後の師団創立記念行事の際には買い物することができる。

旧陸軍がかつて使用していた明治時代の建物も敷地内にあり、現在は「史料館」として旧陸軍や自衛隊の関連資料600点を展示している。団体であれば、駐屯地へ予約すると見学することができる。

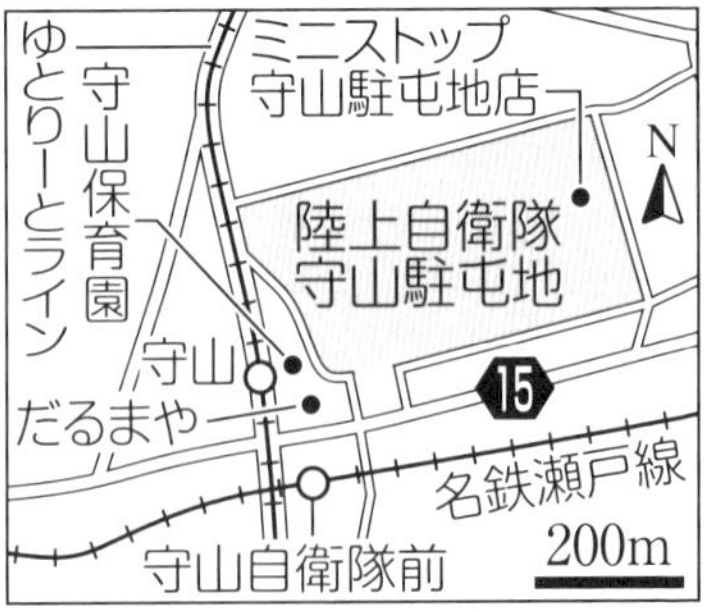

第12話 中区・仏具街

　名古屋市の名古屋城から本町通を南に進み大須商店街を抜けると、通り沿いの看板に「仏具」の文字が多く書かれていることに気付く。真宗大谷派名古屋別院（東別院）がある中区橘とその周辺には、仏具の職人や問屋が集まり、「仏具街」を形成している。そのルーツは、江戸時代までさかのぼる。京都と並ぶ仏具の二大産地の名古屋で、技術の向上と伝承に情熱を注ぐ人たちを追う。

大将

カサカサカサー。加湿器から蒸気が噴き出て生暖かい室温の作業場に、木とサンドペーパーのこすれる音が響く。漆で爪の縁が黒くなった右手が木をなでた。見ても分からないわずかな盛り上がり。再びサンドペーパーを持った左手が前後に動く。

寺の本堂や家庭の仏壇の周りにある「仏具」。一つの仏具の製作には複数の職人が携わる。中区橘一の作業場で滑らかになった木に目を凝らすのは、漆を塗る「塗師《ぬし》」の浅川忠さん（60）＝名古屋市東区＝だ。

父は大手ゼネコンに勤める一級建築士、母は主婦だった。経済学部で学んでいた大学時代、複数のアルバイトを経験し、自分は人に指図されたくない性分と気づいた。偶然、扶桑町の実家近くの人から弟子を探していた塗師の河本泉さん（84）＝中区＝を紹介され、「手に職を付けられる」と一九七八（昭和五十三）年、大学卒業とともに弟子入りした。

技は盗むもの―。それが職人の世界だった。素人でも、一から懇切丁寧に教えてくれるわけでなかった。「大将」の河本さんと二人の兄弟子のやり方をまね、下塗りに励んだ。大将の口癖は「妥協せんように」。威厳があり、弟子同士で雑談していても、大将が作業場に入ってくると場が静まり返った。仕事がほしいからと問屋に頭を下げることもない。

バブル景気で続々と注文が入り、忙しかったが、「変なもんを作ったら大将の名前を汚すことになる」。自らに言い聞かせ、早朝から深夜まで働いた。食事と睡眠のために自宅に帰る生活はつらかったが、大将の生き方には憧れた。

ところが九七年の正月、出勤すると、大将から「辞めてくれ」と告げられた。突然だったが、思い当たることがなかったわけではない。直近の五年間ぐらいは自信が付き、大将の塗り方に口を出すこともあった。逆に至らぬ点を指摘されると真っ向から反論した。態度が大きいと思われていたのかもしれない。

妥協なし　教える代に

「はい、分かりました」。妻子もいる身の四十一歳で、十九年間師事した大将のもとを去った。「口を利いてやるで謝れ」。周囲が戻るよう説得しても、聞かなかった。ハローワークで仕事を探していた時、仏壇を手掛ける中区橘の塗師から「アルバイトで来ないか」と声が掛かった。その後、浅川さんがいると知った問屋から仏具の注文が来るように。「大将を抜いてみせる」。意地になって仕事をした。

そして分かった。大将は、本当に腕が良かったということだ。だから、山車や寺の本堂の塗りなどの大きな仕事や京都、東京からの注文が来た。弟子だった自分も、難しい仕事を任せられていた。問屋に対して強気だったのも、確かな腕があったからこそ。「大将がおったから、俺はここまで来た」。還暦になった今は、自分が悪かったとも思う。

今は雇われの身で弟子はいないが、大将の背中を見て覚えたことを、手伝いに来てもらう若い職人に教える。作業を見て気になる点があれば、より良い方法を包み隠さずに教える。「追い付かれんように、俺も腕を上げていけばいい。みんな腕が上がれば、名古屋の名前が広がる」と思うからだ。

手伝いに来た職人（手前）と下塗りした木を研ぐ浅川忠さん。
手元への視線は厳しく優しい＝中区橘1で

「完成品まで頭に思い描いてやれ」「それでいいと思えるのか」。時には厳しい指摘も。妥協せず、常に上を目指す。最近、大将に似てきたと思う。

ただ、ちょっぴり違うのは、若い職人たちへの教え方。大将は「悪いがや」と言うだけで理由を明かさず、「自分で考えろ」「見て覚えろ」というやり方。これに対し、浅川さんは「なぜ、こうした方がいいのか」を言葉でも教えるようにしている。そんな浅川さんの作業場には、若手の職人たちがよくやってくる。

職人たちを結び付けているのは浅川さんの指導力と、浅川さんが前の職場を辞めた翌年にできた「名古屋仏具研究会」だ。

仲間

金山の日本特殊陶業市民会館のロビーに置かれた山車は高さ三・五メートル。やや小ぶりで、普段は透明カバーに覆われているが、手の込んだ金色の飾りや美しい塗りが訪れる人の目をひく。二〇一〇年の中国・上海万博に出展した「童子車《どうじしゃ》」だ。

手掛けたのは、「名古屋仏具研究会」の会員ら四十人。仏具職人が個々に山車の部品製作を受注することはあったが、一から作るのは初めて。錺《かざり》金具師の野依克彦さん（50）＝中区上前津一＝は「皆で協力したんです」と山車を見上げた。

野依さんは二代目。一九八八（昭和六十三）年、大学を卒業して家業に入った。「高卒で修業を始めた職人に比べたら四年の差がある」。そう自分にプレッシャーをかけ、京都での仏具展示会に行ったり、デッサンを習ったり必死で勉強した。

仕事を始めて二年後、二十代の若手に声を掛けて「二若会《にじゃくかい》」を結成した。まもなく安い中国製品が流入するといわれていた。月一回の飲み会の前に三十分間の勉強会を開いたが、集まるのは数人。飲み会は続いたが、勉強会は半年で終わった。

やがて中国製品が出回り始め、仕事は三分の一に減った。「このままでは駄目だ」。危機感を強めたが、誰とも共有できずにいた。

悩める日が続いた九七年、名古屋仏具卸商協同組合が十年ぶりの展示会を開いた。各卸商がブースを設け、扱う商品を紹介、販売する会。野依さんは若手の知り合いを誘い、会場の一角に職人が単独で技術を伝えられる作品を出品した。

「大きな石も一度動かせば転がっていく」。京都の展示会で知り合った同業者から言われたことを思い出し、訪れた若手の職人や卸商らに研究会の結成を持ち掛けた。今度は二十～四十代の二十人に、すんなりと受け入れられた。

地元職人の技術 結集

月一回、材木のことを学んだり、作品を持ち寄って批評し合ったり。その中で、野依さんの同級生で刺しゅう師の磯村一男さんが「名古屋にも山車造りの技術があることを知らしめたい」と山車制作を提案した。山車で全国に知られているのは京都や岐阜県の高山。悔しい思いがあった。

普通の山車の三分の一サイズで造ることを決め、二〇一〇年の名古屋開府四百年祭に向けて制作を始めようという矢先、磯村さんが不慮の事故で亡くなった。四十四歳だった。

その後、名古屋市からの依頼で開府四百年祭に加え、上海万博にも出展することが決まった。日本の技術を示そうと一回り大きくすることに。制作期間が短くなった上に、材料費が追加で必要になった。

「間に合わない」「やめるなら今だ」と声が上がった。だが野依さんは磯村さんの遺志を継ごうと「やらないといけないことがある」と説得。職人魂に火を付けた。県内の職人に依頼したからくり人形を乗せた童子車は、上海に送る直前の一〇年六月に完成。八月初旬、日本館の名古屋ウイークで展示された。

童子車はその後、名古屋まつりや研究会の展示会にも出て行った。展示会を見たスイス在住の元国連職員の目にとまり、現地の博物館から招待され、一四年にはスイスにも渡った。

「童子車」を披露する野依克彦さん(左)ら名古屋仏具研究会のメンバー。
職人の技が随所に光る＝金山の日本特殊陶業市民会館で

技術の高さが知られるようになり、山車の修復の仕事も入り始めた。研究会に所属する卸商が出資して山車の仕事を専門に扱う株式会社「名古屋創作工芸」も設立。研究会の初期からのメンバーで同社取締役の高田由太郎さん（45）＝同区橘二＝は「童子車は名古屋の職人の技術の結晶。すべては研究会の結成が始まりだった」と言い切る。

その研究会の発足を後押ししたのは、高田さんと同じく仏具の卸売りをなりわいとする大先輩だった。

長老

一九九七年、中区橘の隣、同区松原で仏具店を経営する小笠原光彦さん（83）は、名古屋仏具卸商協同組合の展示会を役員として任されていた。「これからの職人さんに頑張ってもらわんとな」。店ごとに完成品を展示するだけでなく、個々の職人の技術も伝えたい。会場内に特別な場所を設け、誘いに応じた錺《かざり》金具師の野依克彦さん（50）＝同区上前津一＝ら十人の作品を集めた。

展示会終了後の職人らの打ち上げ。招かれた小笠原さんは、野依さんから「名古屋仏具研究会」をつくると伝えられた。

「いいことだ」。京都と並ぶ二大産地と言われながらも埋没している名古屋の仏具業界に、新たな風が吹くかもしれない。すぐに応援すると決めたのは、千二百年の歴史がある京都の仏具業界もよく知っていたからだ。

仏壇店の三男として生まれ、終戦から四年後、京都の仏具店に修業に出た。注文を取り、職人に製作を依頼する。商品を次の職人に回し、店に持ち帰って組み立て、全国の寺や小売店に発送する。こうした仏具店の仕事の基礎をたたき込まれた。木材の集積地で木製品が多い名古屋では見られない、鋳物や真ちゅうの商品も扱った。

厨子《ずし》を作るのに用いる仏像を棚に置く小笠原光彦さん。
京都で鍛えた目が名古屋の仏具業界の将来を見つめる＝中区松原2で

仕事が面白く、修業は予定を七年超えて十二年間に及んだ。六一（昭和三十六）年に名古屋に戻り、家業を仏壇店から仏具店に替えた。戦後の物資不足に加え、五九年の伊勢湾台風で仏具が流された寺や家庭も多く、需要に生産が追い付かなかった。「いいかげんなものでも通る時代だった」と振り返る。

名古屋の新風　後押し

「名古屋もん」。いつしか京都では、安物の代名詞としてそう呼ばれるようになっていた。納品に行った京都の店から「出入りしているのが分かると恥ずかしいから、名古屋ナンバーの車で来るな」とまで言われた。

名古屋の職人たちは、自分の作業場で地道にこつこつと物を作る。当時、職人同士の付き合いはなく、自分の技を盗まれまいと手の内を明かすこともなかった。自信に満ち、自分の技術をひけらかすほどの京都の職人とは大きく違った。「みんなで意見を出し合えばいいアイデアが生まれるのに」。横のつながりが必要だと感じていた。

そんな思いで結成を後押しした研究会は、山車の制作も手掛け、毎年続けてきた展示会は今年で十七回目を迎えた。「ここまで頑張ってくれるとは思わんかった」と若手の活躍に笑みがこぼれる。

名古屋仏具卸商協同組合ではその後も、研究会によるスイスでの山車展示などを支援。代表理事の井上芳徳さん（73）＝同区橘一＝は研究会に大きな期待を寄せる。「若い人たちはよう勉強しとる。いい物を作って盛り上げてほしい。やっぱりここは仏具の街だから」

そう、「橘」と仏具は、江戸時代から切り離せない関係にある。

地元

毎年十一月十六日。中区橘一の日置神社の境内に地元住民が集まる。十人ほどが一列に並んで頭を下げる先は拝殿ではなく、参道西側にある小さな社。尾張徳川家二代目藩主の徳川光友（一六二五～一七〇〇年）が祭られている。近くに住む高田好郎さん（84）が、「この人のおかげで私たちがいるんですよ」と教えてくれた。

江戸時代の初め、名古屋の城下町の南端は「南寺町」を形成する大須辺りで、橘一帯は「千本松原」と呼ばれる町外れだった。光友は一六六四年、古今和歌集の詠み人知らずの一首「さつきまつ　花橘の　香をかげば、むかしの人の　袖の香ぞする」にちなんで、一帯を「橘町」

と命名。四年後、町に古鉄と古道具を扱う特権を与えて居住を促した。堀川に近く木曽の山奥から運ばれる良質なヒノキが手に入りやすかった上、寺も多く、仏具が生産されるようになった。

明治になり、橘町の町内会が徳川家の土地や史料などの財産を譲り受けた。一九六八(昭和四十三)年からは、地元住民でつくる財団法人「名古屋瑞龍《ずいりゅう》工芸技術保存振興会」が財産を守る。

仏具店が立ち並ぶ本町通を歩く川口浅朗さん(左)と高田好郎さん。地元を挙げて仏具業界を応援している＝中区橘1で

振興会は二〇〇一年から、若手の職人や卸商でつくる「名古屋仏具研究会」の展示会の主催者に名を連ねる。「いいものを見ることは勉強になる」。当時、理事だった仏具店三代目の高田

さんが主催者に入ることを提案し、賞も出した。

研究会が一〇年の上海万博などで山車を展示することになった時には、振興会として支援するかどうか議論になった。橘町のための振興会。「町内会ではない場所で殿様からもらった財産を使うのは…」などと慎重な意見が出た。理事長だった高田さんは理事たちを説得して回った。「仏具業界の振興は、仏具で栄えてきた橘町のためにもなる」

殿様の「遺産」受け継ぐ

高田さんから昨年、理事長職を引き継いだ川口浅朗さん（80）も、研究会の活動に声援を送る。自身は仏具とは関係のない塗料販売会社の会長。生まれ育った場所でもある橘で会社を営むことを誇りにしている。社名は「川口化成品」だが、一九九一年に現在の社屋に建て替えた時、ビル名に「橘」の文字を入れた。「橘という名前と伝統技術は後世にも残ってほしい」と願う。

仏具業界や振興会以外の街の人々も、仏具職人たちを応援している。

研究会は毎月第三金曜日に勉強会を開き、終わると一部のメンバーは日置神社近くの一口餃子家《ぎょうざや》「玉《ぎょく》」（二〇一七年二月閉店）に流れ込む。生ビールから始まり、料理をつまみながら麦焼酎を飲む。よく注文するのはニラレバ炒めと酢豚。ともにメニューにないが「私も職人ですから。できないとは言いたくない」と店主の延田政也さん（50）＝中川区＝は笑う。

酒が進むと、大きな声が聞こえることも。けんかではない。「俺はこう考えとるわ」。今の仕事の話、将来の仏具業界のことになると、会話に熱がこもる。

接客担当の妻、正美《なおみ》さん(36)は、塗師《ぬし》の浅川忠さん(60)らから帰り際、必ず握手を求められる。爪の縁が黒い手、ゴツゴツした手。「職人さんの手ってすてき」。正美さんは、研究会が作った山車「童子車」を初めて見たときの感動を思い浮かべる。この手から、あの美が生みだされたのか――。

ある時、政也さんは研究会の一行の中に、若い女性が複数いるのに気付いた。

若者

茶褐色の銅板に、先が細くなったたがねを当てる。左手の薬指で板とたがねを支え、金づちを打ち付ける。タンッ。たがねを横にずらし、繰り返す。

「ちゃんと打てたかな」。目を凝らしていた桂川未希さん(30)がほっと一息つき、葉の模様が浮かび上がった銅板を見渡した。

後ろの作業台に座る野依克彦さん（50）＝中区上前津一＝は「うちの末希さん」と呼ぶが、娘でもめいでもない。二〇一三年九月、志願して錺《かざり》金具師の野依さんに弟子入りした。若手の職人や卸商でつくる「名古屋仏具研究会」の展示会にも、同年代の仲間との共同作品を二度出品し、研究会の勉強会後の飲み会にも、何度か参加した。

北区で生まれた。父は警察官、母は主婦というごく普通の家庭で育ち、商業高校卒業後、京都府の専門学校「京都伝統工芸大学校」に進学した。入学前、学校案内に載っていたスネアドラムの装飾を見て、「格好いい」とひかれてこの大学校を選んだため、入学後は迷わず金属工芸を専攻した。

二年間学んで就職したのは、浜松市の大手楽器メーカーの下請け。サックスとトランペットに彫刻刀で模様を彫った。好きな楽器に触れられる仕事は楽しかったが、家族や友人から遠く離れた地で生きていくことに迷いが生じた。考え抜いた末、六年間勤めた会社を辞めた。

名古屋市中区のハローワークで、金属工芸に関連する仕事を探していた時、職員が「名古屋には仏具業界がありますよ」と教えてくれた。大学校卒業時、仏具業界は技術レベルが高く、飛び抜けた才能もない自分には無理だと決めつけていた。六年がたち、仏具の道に進もうと思えたのは、自信ではなく、金属工芸への強い思いから。もちろん不安はあったが、「やらずに諦めるより、やってみよう」と考えた。

伝統の担い手を自覚

インターネットの検索サイトで「仏具」「錺金具《かざり》」などと打ち込んで職人の電話番号を調べ、かけてみた。一軒目は雇う余裕がないと断られ、二軒目は仏壇の製造で金属工芸はないと言われた。三軒目が野依さんだった。

金属工芸を学んだ学校名や先生の名前などを電話で聞かれた。実は野依さんのところも仕事が少なく、人を雇う余裕はなかった。だが「わざわざ電話をしてきた意欲のある人をほっておくのも…」。とりあえず面接し、他の職人を紹介しようと思っていたところ、桂川さんが持ってきたのか、不思議と仕事が増えた。

まずはアルバイトで雇われた桂川さん。分かっていたことだが、厳しい世界だった。一つではなく、たくさんのことを同じレベルで、淡々と繰り返さな

真剣なまなざしで銅板に模様を打ち込む桂川未希さん。若い職人たちが仏具業界の未来をつくる＝中区上前津1で

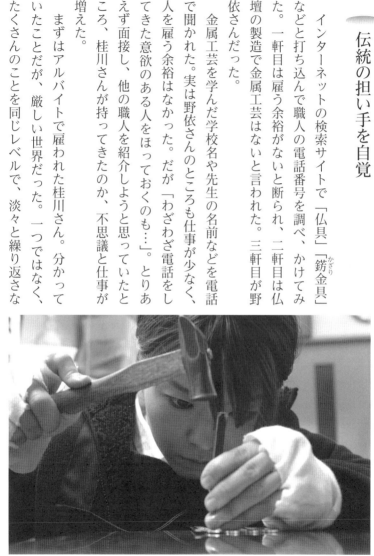

くてはいけない。「今日もできないことばっかりだったなぁ」。反省と不安だらけの日々。帰宅後、母に話を聞いてもらった。

弟子入りして間もないころ、同じ女性職人で漆芸作家の小久保さくらさん（30）＝春日井市＝を野依さんから紹介された。一緒にご飯を食べに行き、たわいない話をする。職種が全く違う上、「うまくできないなら、頑張るしかない」と結論は見えているので、仕事の愚痴をこぼすことはない。ただ、同年代の人と会って話すだけで気持ちが楽になった。

野依さんや家族の励ましもあり、気付けば丸三年が過ぎていた。「社長ように、お客さんの期待に応えられる職人さんになりたい」と仕事に励むうちに、「いつか有名な寺の仕事で指名されること」という夢もできた。

仏具業界も、高齢化と後継者不足が課題。だが最近は二、三十代の職人が入り、桂川さんが食事に行く間柄の同年代の仲間は五人。「私たち若い世代が頑張れば、伝統が引き継がれる」。技術は成長途上でも、伝統の担い手であることは十分に自覚している。

記者の一言

名古屋仏具研究会の人たちとの出会いは、連載掲載の一カ月前。年一回の展示会の取材だった。これまで仏具を意識したことはなかったため、会場に並んでいる作品はどれも新鮮に映り、技術の高さを感じさせた。

名古屋の仏具業界は、二大産地と言われながらも一時低迷。復活に向けて、関係者が一丸となって取り組んできた。そんな点に引かれ、別の区で考えていた第十二話を中区仏具街に変更した。

取材を通じて感じたのは、仏具や街への熱い思い。単なる生きる糧ではなく、先人たちの技を次の世代に引き継ごうとする決意だ。童子車の海外での展示や、二〇一七年一月の国の伝統的工芸品指定は、現状を改善しようと関係者が取り組んできた証しだろう。目標に向かって挑戦し続ければ、道は開かれる。そう教わった気がする。

（戸川 祐馬）

街角トピック

親鸞の命日である毎月28日、名古屋市中区橘かいわいでは、宗派などの垣根を越えた三つの「市」が立つ。真宗大谷派名古屋別院（東別院）＝同区橘2＝の「てづくり朝市」、本願寺名古屋別院（西別院）＝同区門前町＝の「Oneコイン朝市」、東西別院の間の「たちばな大木戸ひなた市」だ。

ひなた市は、東西別院の市を結んで人の流れをつくろうと2015年10月、地元の若手有志による実行委が始めた。会場は、「橘町」の名付け親、尾張藩二代藩主の徳川光友が祭られる日置神社（同区橘1）近くのガレージ。コーヒーやスープなどの飲食店、青果店、雑貨店など40〜50店が出店する。

椅子やテーブルのほか、授乳室も用意。東西別院の市から歩いて来た人が一休みできるようにしている。

出店者同士の仲が良く、客と出店者、運営側の距離が近いことが特徴。和やかな雰囲気の中、それぞれで会話が弾み、終了時間になっても店が閉じないことも。

ひなた市という名前は、実行委がポカポカ陽気の日に、市の構想を練っていたことに由来する。会場は屋内だが、実行委代表の尾関良祐さん（37）は「市の雰囲気が温かく、名前に近づいてきた」と手応えを感じている。

当初は橘町外からの客がほとんどだったが、最近は地元客も増えている。尾関さんは「地元の方にも出店してもらえれば」と期待。本町通を歩行者天国にし、通りに店が並ぶ将来像を思い描く。

Oneコイン朝市は午前9時〜午後2時、てづくり朝市とひなた市は午前10時〜午後2時。

第13話　北区・萩の湯

かつては各地にあった銭湯も、家風呂の普及や燃料費の高騰、スーパー銭湯の台頭などで姿を消しつつある。それでも、身も心も温まろうと、訪れる人がいる。地域で長く愛されてきた名古屋市北区の「萩の湯」を舞台に、人の交わりを描く。

四代目

こぢんまりとした番台には不似合いな、いかつい体と、頭をすっぽり覆った帽子がトレードマーク。少しこわもてだが、「いらっしゃいませ」の明るい声が、今では板についてきた。お客さんが「今日も温まりにきたよ」と笑顔で返すと、世間話に花が咲く。

名古屋市北区萩野通二の銭湯「萩の湯」は、車の往来が多い国道41号沿いにある。厳しい寒さの中、急ぎ足で入ってきた常連客を迎えるのは、経営者の高瀬雅貴さん（42）だ。

萩の湯は戦後、北区大曽根で「草津温泉」を営んでいた祖父武さん（故人）が、別の所有者から買い取った。草津温泉を始めた曽祖父から数えると、高瀬さんは四代目になる。

銭湯二階の自宅で育った。子どものころは「家のお風呂に知らない人が入ってくるような感覚」。その風呂で、お客さんと顔を合わせるのが日常だった。

家業を継ぐつもりはなかった。三代目の父誠さん（69）から「『風呂屋はもうからない』と呪いのように聞かされてきたから」。浪費癖のあった誠さんに、少しあきれていたことも、あったのかもしれない。

航空機の製造に携わりたいと工学系の大学に進んだ。念願かなって入った航空機関連の会社は、肌が合わずに辞めた。学生時代に、政治家と学生をつなぐNPO活動に関わっていた縁で、国会議員の秘書を経験。その後は十年ほど、塾の講師として高校生らに数学や物理、化学、英語などを教えた。

お湯には魔力がある

誠さんが脳梗塞で倒れたのは六年前。客は徐々に減っていた。高瀬さんが店の内情を調べると、多額の借り入れがあった。塾講師の給料では返せないと分かり、後を継ぐ覚悟を決めた。

だが湯船はきれいとはいえず、設備の故障も多かった。「これでは、

「銭湯を地域の拠点にしたい」と語る萩の湯の高瀬雅貴さん＝北区萩野通2で

お客さんが来るはずはないわな」。幸い、大学などで学んだ機械工学の知識があり、湯を循環させるポンプや温度調整設備などの修理は自身でこなした。タイルは安く手に入る業者を探して買い付け、貼り替えた。燃料費の軽減のため、太陽熱の設備を整えた。

もちろん、笑顔でお客さんを迎えることも心掛け、客足は少しずつ増えてきた。「銭湯って、こんなに必要とされているんだ」。ほおを赤くした常連客同士が会話を楽しむ様子を見て、「人は人とのつながりを求めている」と知った。「お湯には魔力がある」と感じる。

子どものころに見た銭湯。周りには飲食店があり、風呂上がりの人たちでにぎわっていた。「銭湯を再び地域の拠点にしたい」。そんな将来像をひとしきり語ると、照れるようにつぶやいた。「思えば、自分は銭湯を継ぐ運命だったのかもしれないですね」

職人

湯煙が漂い、ジェットバスの泡立つ音が響く洗い場。現役の大工、加藤吉《よし》さん(67)=北区=は、いつものように鏡に向かい、顔を丁寧にそり上げる。もう二十年以上になるだろうか、名古屋

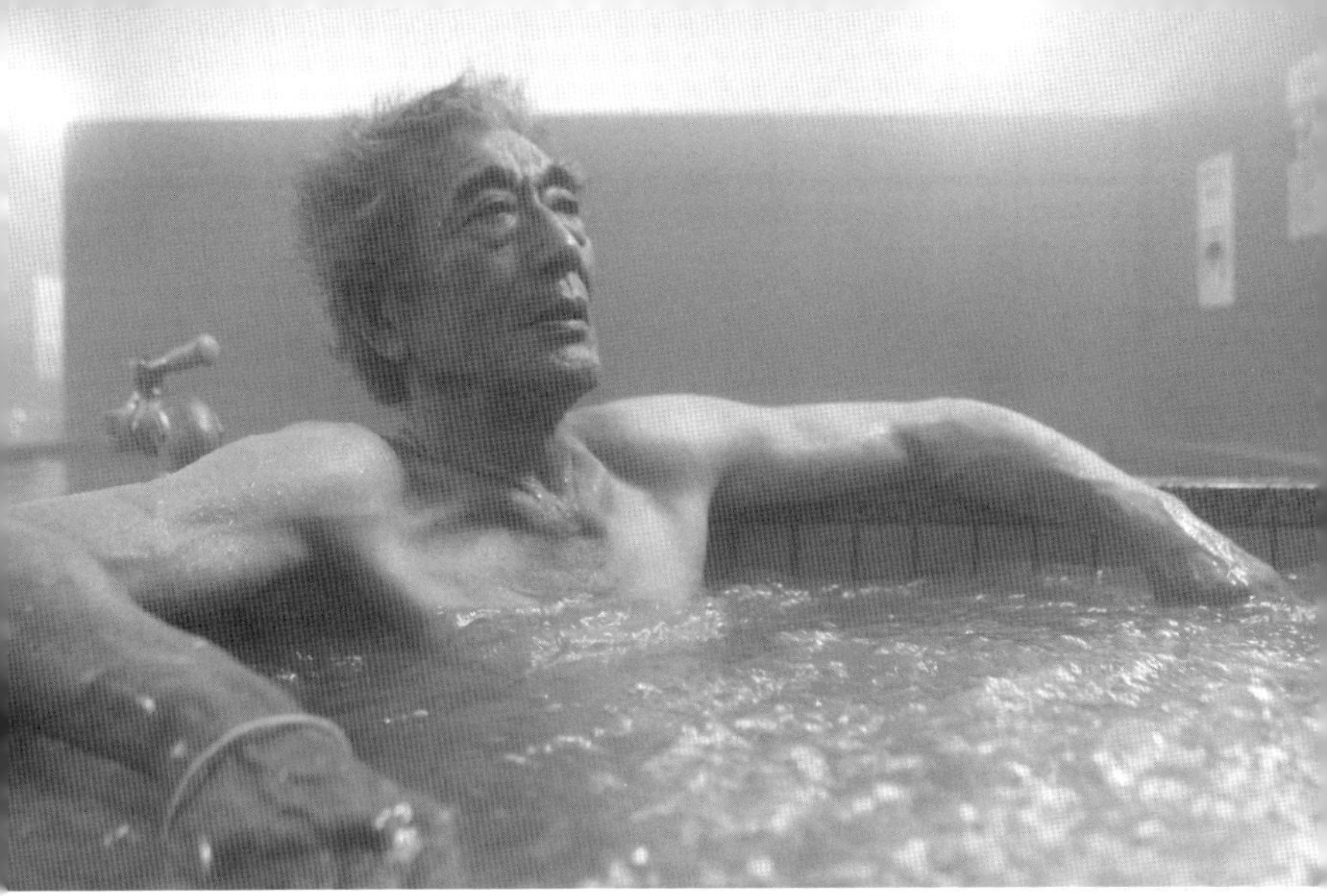

湯船に漬かる加藤吉さん。疲れた体を癒やし、あすの仕事に備える＝北区萩野通2で

市北区萩野通二の銭湯「萩の湯」に、ほぼ毎日通う。

ひと山越えると山形県、現在の新潟県村上市に生まれた。冬は豪雪地帯だ。「大工をやりたい」。中学を卒業すると、地元の師匠に弟子入りした。十九歳の時に東京で独立。木造を中心に、注文住宅や全国の寺社の建築に携わってきた。

「技術は盗むもの」。そう教わってきたから、日光東照宮（栃木県日光市）などで建物を隅から隅まで見て、昔の技術も参考にした。「大工はいつになっても修業だよ」。弟子たちには口を酸っぱくして言い聞かせてきた。

一九七〇年代後半、三十歳のころ、師匠の弟弟子がいた名古屋市に移り住み、いつしか萩の湯に通うようになった。「ここの電気風呂が最高なんだ」。長い時は二時間近く、風呂場にいる。常連客との会話も楽しい。

六年前、萩の湯を経営していた同世代の高瀬誠さん(69)が脳梗塞で倒れ、息子の雅貴さん(42)が後を継いだ。銭湯の立て直しに一生懸命なことは、そぶりや会話から感じていた。

「最初は黙っていたけど、見ておれなくてね」。外れかかっていた天井板や、うまく閉まらない扉の修理のやり方を助言した。「普段はこっちから言わないけど、気になって仕方なくて。早めに手を入れると、木材は長持ちするんだ」。サウナの壁が割れかかっていれば「木は生き物だ」と言い、修理を促した。

「いろんなことを知っていて、助けられた」と雅貴さん。まるで、もう一人のおやじのような存在だ。

疲れ癒やす最高の場

加藤さんは十六、十七歳のころ、師匠らと出稼ぎに来ていた名古屋で、妻の絹代さん(70)と出会った。鹿児島県・奄美大島の出身。高度成長期の集団就職で、栄のデパートで働いていた。「待っとれ」と伝え、いったん新潟に戻り、十九歳で結婚した。「よく待っていてくれたよ。その後も苦労を掛けっぱなしだけどね」と笑う。東京暮らしを経て、思い出の名古屋に戻った。長男は九州で所帯を持ち、長女はがんで亡くした。今は喫茶店を営む絹代さんと二人暮らしだ。

仕事から帰って夕食を終えた午後八時ごろ、一人で車を十分ほど走らせ、萩の湯を訪れる。

現場で酷使した体の疲れを、電気風呂でゆっくりと取る。

「大工の仕事は、歯を食いしばる。だから歯がないんだわ」。半世紀以上、職人の道を歩んできた。ガタガタの口の中も一つの誇り。湯に漬かりながら、目を閉じる。この時だけは、仕事のことも忘れられる。

看板娘

番台に座っていると、しみじみ思うことがある。「いろんな人がいて、いろんな生き方があるんだな」と。

名城大大学院博士課程の鈴木千文さん(28)=名古屋市西区=が、同市北区萩野通二の銭湯「萩の湯」でアルバイトをするようになってから、五年が過ぎた。

大学院では音声や音響を研究している。現在のテーマは「ものまねの歌声が、本人と似ているかどうかを、機械で審査できないか」。

名城大理工学部に入学時、音声や音響を専門とする研究室があることをパンフレットで知り、

萩の湯で番台のアルバイトをする鈴木千文さん。常連客との会話に花が咲く＝北区萩野通2で

あこがれた。勉強をするうちに、研究にのめり込み、博士課程に進んだ。「課題を設定し、追究していくことが面白い」。将来は大学の研究者になると決めている。

萩の湯で働くことになったのは、経営者の高瀬雅貴さん（42）に誘われたのがきっかけ。高校時代に家庭教師をしてもらっていた高瀬さんから「銭湯をやることになった。番台をやらないか」と声を掛けられた。

銭湯には、それまで行ったことがなかった。だから「どんな場所か、想像がつかなかった」。お年寄りばかりなのだろうか、お客さんは入っているのだろうか…。高瀬さんの「そんなに難しくないから」という言葉で、ひとまず足を踏み入れた。

番台座り　生き方学ぶ

初めのころは、お客さんから「またいるの」と、けげんそうに尋ねられた。今はそんなことはない。常連客に慕われるようになり、同じく番台に座る高瀬さんの母美知代さん（67）は「看板娘になってくれた」と言う。

夫婦の出会いを語ってくれる人や、一緒に来る息子の自慢をこっそりする高齢の女性。日曜の昼間に、酔っぱらって大声で話し掛けてくる男性も。「あそこの喫茶店、閉店したんだって」。地域の話題も自然と耳に入ってくる。

常連客が姿を見せなくなると、「体調が悪いのかな」と心配する別の常連客。「作り過ぎたから」と料理を持ってくるおばさんもいる。嫁としゅうとめが仲良くのれんをくぐる様子を見ると、どこかうれしくなる。

男性が多い理系の分野に進んだ。同級生のほとんどは就職して、収入を得るようになっている。周りとは少し違った道を歩んでいることに「不安がないわけではない」。それでも、萩の湯で多様なお客さんと接していると、「いろんな生き方がある。型にはまらなくていい」と励まされているように感じる。

大学ではパソコンに向かうことが多いので、週二回の番台は、外の世界を見る貴重な時間。人と接することの楽しさと、つながりの大切さも教えてくれる。

牛乳配達

牛乳配達の仕事は、「朝」がとにかく早い。午前二時。黒田乳販福徳販売店（名古屋市北区中切町一）の黒田純治さん（70）は、メーカーから届いた商品を軽トラックの荷台に積み込み、出発する。

◀萩の湯のショーケースに乳飲料を並べる黒田純治さん。
胸のポケットには、亡き和子さんとの写真を入れている＝北区萩野通2で

一人で、二百五十軒を回る。

辺りは当然、真っ暗。時折、遅くまで酒を飲んで帰宅する人を見掛ける。午前四時ごろには、それが新聞配達や散歩をする人に変わる。

一段落するのは午前七時半ごろ。いったん店に戻り、再び大口の幼稚園や保育園、銭湯「萩の湯」（同市北区萩野通二）へ向かう。

萩の湯には週三回、届ける。待っていてくれるのは、経営者高瀬雅貴さん（42）の叔母佐藤栄子さん（67）。牛乳やジュースなど多いときは十五種類、五十本を降ろし、待合室のショーケースに入れる。「栄養をつけようと、たくさんの人が牛乳を飲んでくれる。配達しがいがある」と笑顔を見せる。

黒田さんは名古屋市西区で生まれた。小さいころから、父信一さん（故人）が始めた牛乳配達を手伝ってきた。三男なので二十三歳の時、独立する形で北区福徳町に店を構えた。

配達先の駄菓子店で、母親の手伝いをしていたのが、三つ年下の妻和子さんだった。顔を合わせるうちに、互いに引かれた。一年ほど付き合い、結婚した。数年後、和子さんの母親が駄菓子店を閉じると、そこに牛乳販売店を移した。

暗い中の配達も、日中の集金も、二人で手分けして行った。狭い通りで集金する時だけは別。ほかの車が来たら、すぐ動かせるように、和子さんが車のハンドルを握り、黒田さんが助手席から降りて、お客さん宅へ。家庭では二人の子どもを育てた。

苦楽をともにした四十年。「気の利く、かわいらしい子だった」。純治さんの目に涙が浮かぶ。和子さんは二〇一四年六月三日、すい臓がんのため、六十四歳で急逝。がんと分かった時は、余命三カ月。言葉が出なかった。

亡き妻の記憶温める

和子さんが亡くなったころに比べて、体重は二十キロ減った。三十八年間所属し、現在は団長を務める消防団の活動に力が入らないことも。ある日の真夜中、火災の発生を知らせる電話に、気が付かなかった。「いつも母ちゃんが起こしてくれていた」。団員たちに謝り、団長を辞めたいと申し出たが、逆に気遣って、団員が弁当を差し入れてくれるようになった。

二十年以上、配達してきた萩の湯は、和子さんと二人で温まりに行った場所。「みんな人柄が良くて和むんだ」。今は遠方に住む孫が訪れると、一緒に漬かりにいく。「母ちゃんと来た時を、ときどき思い出すよ」。胸のポケットには、配達の時と同じように、夫婦のツーショット写真が入っている。

親子三人

銭湯「萩の湯」（名古屋市北区萩野通二）の平日の店じまいは、日付が変わった午前零時半。その一時間ほど前に、決まって訪れる親子がいる。この日も高校一年の上條太愛《だいあ》さん（16）と父恵津夫さん（66）、母郷子さん＝北区＝の三人が、シャンプーやボディーソープを入れた「銭湯セット」を手に現れた。

遅い時間になってしまうのは、古豪・熱田高校サッカー部に所属する太愛さんが、部活動や塾を終えて帰宅するのを待つため。萩の湯のお客さんは、もう多くない。

「きょうはグラウンドが使えなかったから、十五キロ走ったよ」「頑張ったな」「少し疲れた」。湯船で、その日の出来事を話す太愛さんに、恵津夫さんが相づちを打つ。

銭湯に通い始めたのは二年前。自宅の風呂が壊れたからだった。風呂が直っても、銭湯通いは続く。初めは抵抗があった太愛さんも、脱衣場に流れるポップ音楽や、経営者の高瀬雅貴さん（42）らが醸し出す「アットホームな雰囲気」が気に入った。郷子さんは「毎日、温泉旅行をしているような感覚」と笑顔を見せる。

「銭湯は体の調子を整えるためにもいい」と以前、太愛さんがサッカーのトレーナーに言われたことも大きい。風呂上がりにストレッチを欠かさない。傍らで恵津夫さんが最近、耳にした最新のトレーニング方法やスポーツ選手の生活習慣を伝える。

風呂上がりの団らん

小学五年の時、サッカー好きの郷子さんの影響で競技を始めた。小牧市のサッカースクールに入り、中学一年まで週一、二回、三人で車に乗って通った。練習は郷子さんが必ずビデオで撮影。「みるみる上達していく様子がうれしかった」。一人息子。自宅では、ホテルの調理人を長く務めた恵津夫さんが、好物のトンカツやステーキを作った。

太愛さんが高校生になり、三人のコミュニケーションの時間は、銭湯と行き帰りの車中になった。「親離れするころだろうけど、一緒にお風呂に行こうとしてくれる」と、恵津夫さんが少し照れる。「家の中では、それぞれの時間の過ごし方があって、あまり話をしない。一緒に銭

風呂上がりにストレッチする上條太愛さん（右）。
父恵津夫さん（左）と母郷子さんが優しいまなざしを向ける＝北区萩野通2で

湯に来るから、自然と会話も生まれる」

太愛さんの将来の夢は、プロのサッカー選手。身長一八二センチのフォワードは、レアル・マドリード（スペイン）のロナルド選手に憧れる。「愛情を持って育ててくれた両親に、サッカーで結果を残して恩返しがしたい」。高校卒業後の海外留学も視野に入れている。いずれ離れて暮らすことになっても「家族で銭湯に通ったことは忘れない」。

風呂から上がった親子三人が待合室で合流し、帰路に就く。程なくして、多くの人を温めた萩の湯は、一日の営業を終えた。

記者の一言

洗い場に入った時の白い湯煙や、体を流す時の「ザバーン」という水しぶきの音は、銭湯ならではの光景だろう。そんな街の銭湯に、実は何年も行っていなかった。取材当初は、湯煙で前が少し見にくいこともあったのか、異空間に入ったような気さえした。

取材がうまくいくかどうか心配だったが、「萩の湯」の経営者、高瀬雅貴さんが紹介してくれた常連客の皆さんは、みんな丁寧に応じてくれた。銭湯とお客さんの信頼関係が深かったからだろう。

銭湯では多くのお客さんが、決まった時間に姿を現した。数週間通った取材では、お客さん同士が世間話をしたり、「○○さん、最近来てないね」「体調悪いのかな」などと心配しあったりする様子を何度も目にした。体を洗うだけでなく、人と人が交流する場として銭湯があることを実感した。

病気のため、高瀬さんの父誠さんに話を聞けなかったのは残念だった。各地で廃業が相次ぐ中、営業を続けるために、たくさんの苦労をしたと聞く。ぶつかることが多かった息子が銭湯を継ぎ、「地域の拠点にしたい」と奮闘している様子を誇らしく思っているに違いない。

（福本　英司）

名古屋市北区は、名古屋城の北東に広がる。大規模な住宅団地や一戸建てが多い住宅街だが、東側には名鉄瀬戸線とJR中央線、市営地下鉄が交わる大曽根駅や商店街があり、区の南側には柳原商店街もあって、昔ながらの店も並ぶ風情ある場所だ。

区の中央を庄内川と矢田川の2本の大きな川が東西に流れ、河川敷をウオーキングする人も見られる。庄内川から農業用水の取水などのために開削された黒川（正式名称は堀川）では毎年春、堤防の桜並木が咲き誇る。

「萩の湯」は、市街地と県営名古屋空港をつなぐ通称「空港線」の国道41号沿いにある。北区役所や北警察署もこの41号沿い。通りには新しいラーメン店やファミリーレストランも点在する。戦後の一時期は、路面電車が萩の湯の前まで通っていたという。

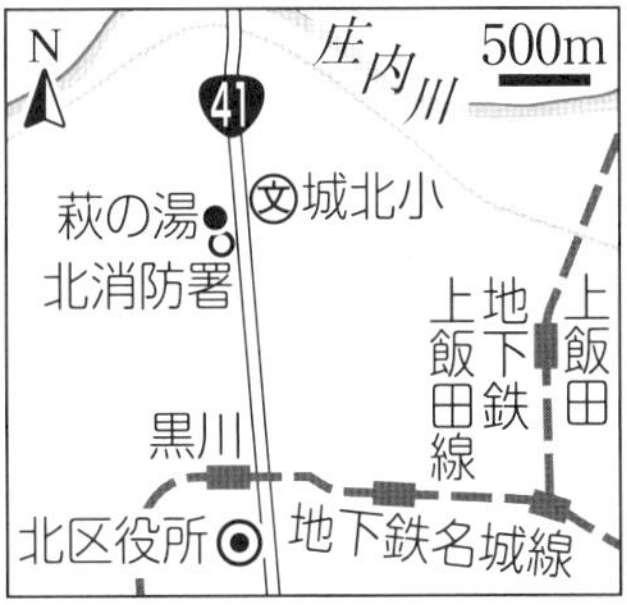

第14話

ナゴヤ球場

1997年3月、プロ野球中日ドラゴンズの本拠地ナゴヤドームが開場した。と同時に、半世紀以上の歴史を持つナゴヤ球場は、二軍本拠地として新たな一歩を踏み出した。2017年で、ちょうど20年。連夜大挙して押し寄せるファンの波も、太鼓やトランペットの大音響も、もう去った。熱気の替わりに今の球場を満たすのは、本当の野球好きたちが過ごす穏やかな時間。球場を愛し、見つめ続けてきた人たちの歳月をたどる。

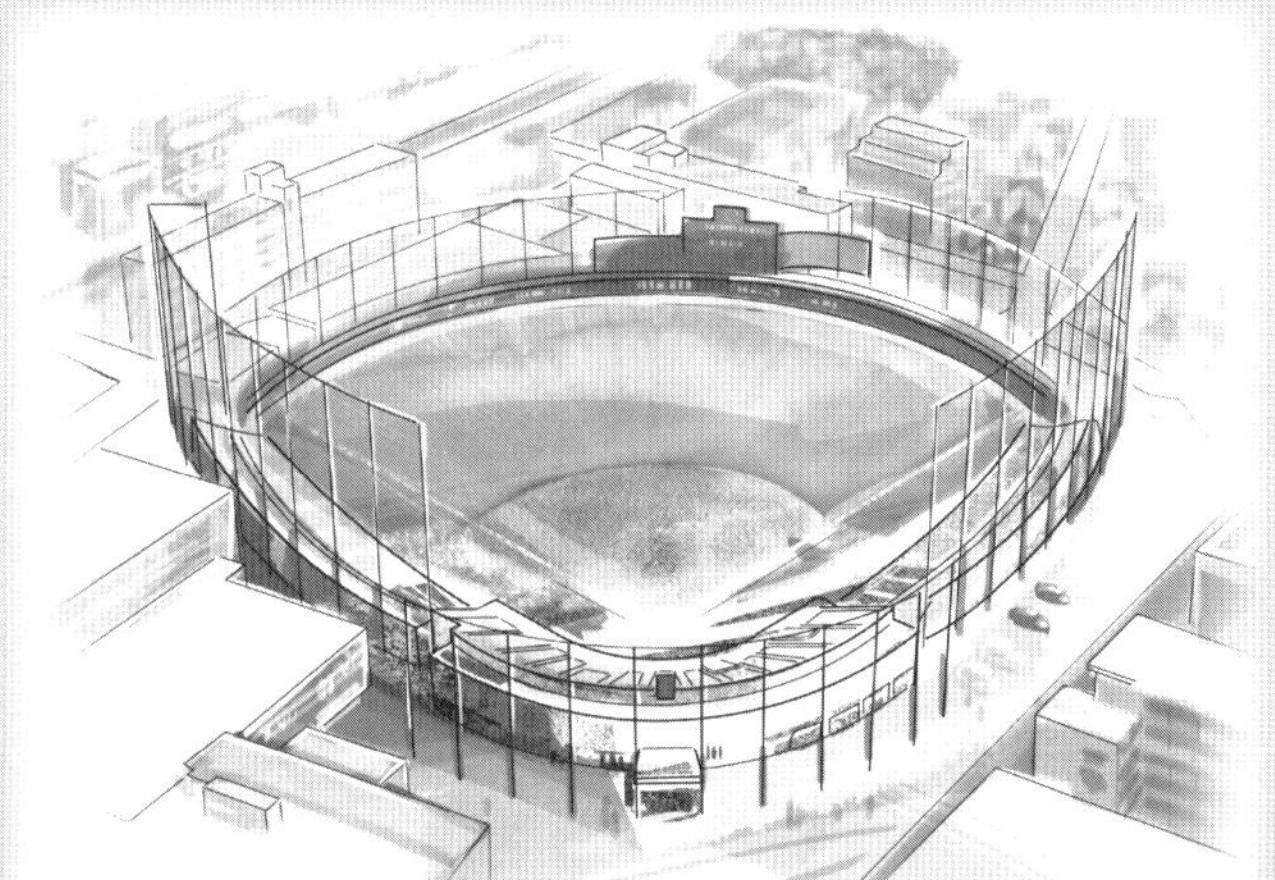

壁

上半身をぐっと沈め、左腕をまっすぐ前へ。構えたミットに、パーン、と乾いた音を響かせる。間髪入れず「よしっ」の声。鳴り物のない静かな空間に、心地よいリズムを刻んでいく。

中日ドラゴンズの背番号107。二軍ブルペン捕手兼用具担当の前田章宏さん（33）＝愛知県一宮市＝は、二〇一七年シーズンもまた、ウエスタン・リーグ開幕戦をナゴヤ球場（名古屋市中川区露橋二）のグラウンドで迎えた。

まるで自分の顔や体を左腕で隠すような独特の低い姿勢は、投手がミットだけに集中できるようにとの心遣い。「無心で、全力で向かってこられるように」と自然に身についたスタイルだ。「受け止める」その役割から、彼らの仕事は時に「壁」とも呼ばれる。

前田さんが生まれ育った家は、球場から徒歩一分。「自宅にいても、球音や歓声が聞こえてきた」と幼少期を振り返る。

プロ野球の世界を目指すきっかけをつくってくれた人がいる。実家の二軒隣でパチンコ店を営んでいた稲本昌敬《まさゆき》さん（77）＝中川区中京南通＝だ。

ナゴヤ球場がまだ一軍の本拠地だったころのこと。ナイターの試合は、七回以降に無料開放された。子ども好きの稲本さんは、就学前の前田さんと弟を誘い、毎試合のように観戦した。「野球のある夜は店も暇だったんでね」。何気ない下町の近所付き合いが、一人の少年の夢への出発点になった。

前田さんは午後八時ごろ自宅を訪ねてくる稲本さんから「そろそろ行くかい」の声が掛かるのが待ち遠しかった。幼い目に映る球場は、スポットライトが注ぐ舞台。「まぶしくて、かっこよかった」。あこがれは、やがて明確な目標になっていく。

小学三年で本格的に野球を始め、高校は強豪の中京大中京へ。強肩強打の捕手として活躍し、二〇〇一年のドラフト一位指名でドラゴンズに入団を果たした。

バシッと夢を継ごう

「地元の星」として鳴り物入りでドラゴンズに入団したが、その年、横浜ベイスターズ（現・横浜DeNAベイスターズ）から移籍してきたのが、谷繁元信さん（46）だった。前田さんは二軍スタートとなり、毎朝一番に球場入りした。

球団の本拠は一九九七年にナゴヤドームへ移っていた。「一日も早くドームに」。その一心で、通い慣れた球場で汗を流す毎日。それでも、球界を代表する捕手の背中は遠かった。現役時代の大半を二軍で過ごした。

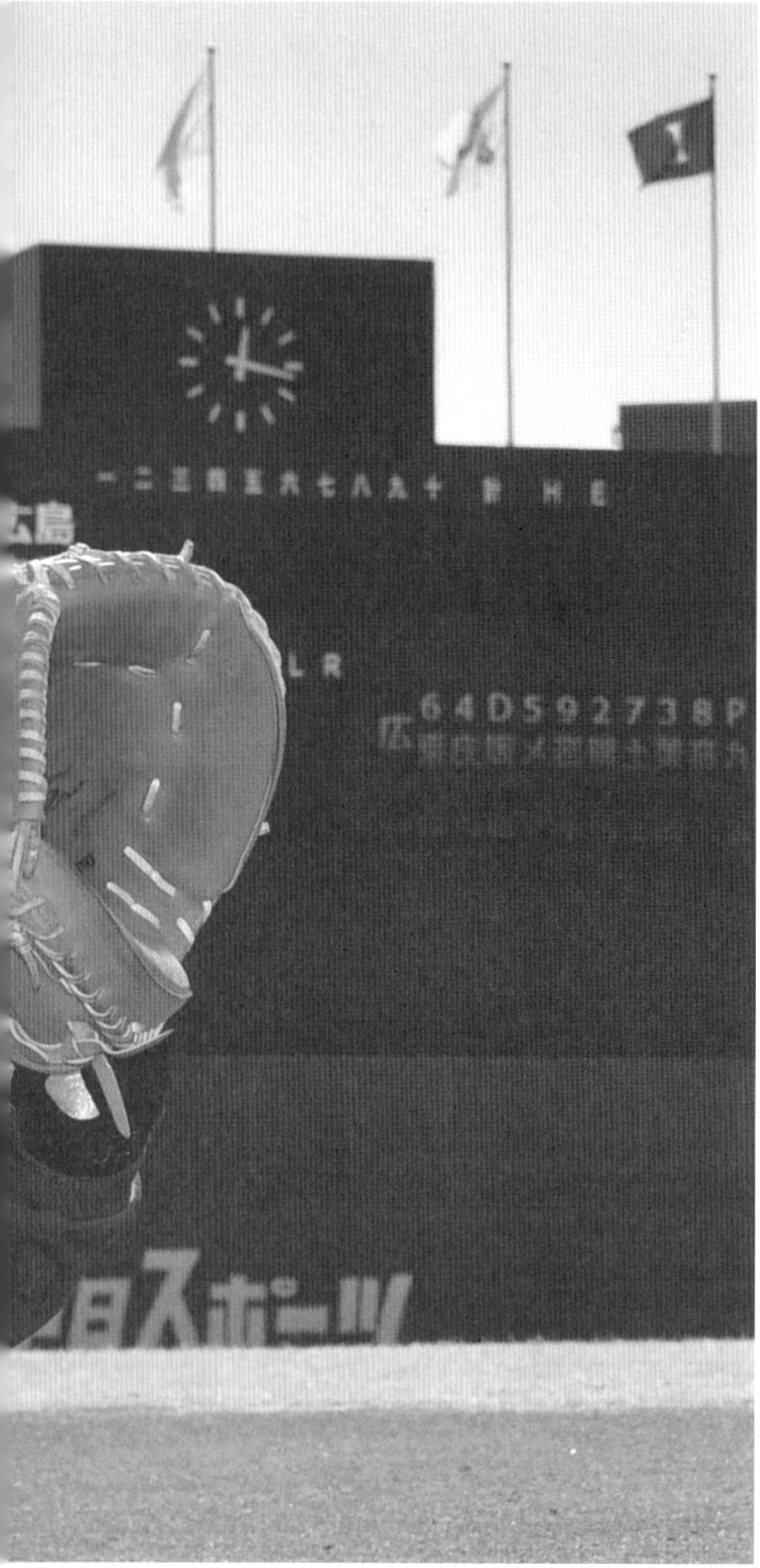

二〇一三年十月、戦力外通告を受けた。第二の野球人生が始まったのも、ナゴヤ球場。最初の一歩をいつもここから踏み出した。「不思議ですよね。自分ほど、この球場と縁のある男もいない」

プロの厳しさを身をもって知らされた球場だが、たくさんの出会いを得た。見送ったチームメートも多い中、こうしてまだマスクをかぶっていられるのは、支え、導いてくれるスタッフやファンがいたからだ。

ウエスタン・リーグ開幕戦前に先発投手の球を受ける前田章宏さん＝中川区露橋2のナゴヤ球場で

今のポジションは、三塁側スタンドの目の前。スポットライトを浴びる機会はなくなった。それでも日々、一軍マウンドを夢見る若手の球を受けながら、どうすれば飛躍の後押しができるかを考え続けている。

愛する球場から、一人でも多くの投手を送り出すこと。それが現役時代に果たしきれなかったふるさとへの恩返しだと思っている。

竜とともに

何人の選手が、のれんをくぐったろう。「分っかんねえよ、そんなの」。店内にサイン色紙は一枚も飾っていない。スター選手も監督も、特別扱いはしてこなかった。一人の客として向き合い、大切にしてきたつもりだ。

ナゴヤ球場のすぐ向かいに「おやじの口は悪いが、ラーメンは絶品」と評判の店がある。「ラーメン専科　竜」がその名だ。

店主の吉田和雄さん（75）は、いずれも名門の横浜商業高校、法政大で活躍した元球児。実は阪神ファン。最初は店名を「竜虎」にしようとして、愛知県みよし市出身の妻、貴美子さん(71)に却下された。「良かったでしょ、お父さん」。そう言われて、黙らざるを得ない。二人三脚。今年で三十六年目を迎える。

口をついて出る常連客は、誰もが知る往年の名選手に、活躍目覚ましいルーキーたち。最近は減ったが、以前はよく球場のロッカー室や選手寮に出前もした。「ドミニカ共和国の選手は、なぜか俺のチャーハンがお気に入りでな」。日々、厨房《ちゅうぼう》に立つのはほとんどが貴美子さんだが、チャーハンだけは自分で鍋を振るう。「裏メニューなんだ」。堂々と明かす。

この場所に店を構えたのは偶然だった。吉田さんは四十歳まで大手商社に勤めていた。花形の海外赴任を断り、脱サラ。詳しい事情は語らない。二男一女の家族を養うため、当時から住んでいる

ナゴヤ球場の目の前で店を営む吉田和雄さん。星野、落合、大豊…。名だたる選手が、のれんをくぐった=中川区露橋2で

マンションの一階で開店した。自分では、包丁すら握ったこともなかったのに。「正直、よくここまで、できたと思うよ」

三年前、大きな試練があった。夫婦の名を一字ずつ授けた長女、古田美和さん＝当時（37）＝の急逝。急性骨髄性白血病。独身の頃はよく店を手伝い、選手にも慕われた看板娘だった。いずれは「店を継ぐ」と言ってくれていた。告別式には現役、ＯＢとも数えきれぬ選手から花束が届いたという。

憎まれ口　愛の味わい

気丈にも店に立ち続ける夫婦のもとを、ある時、一人の男が訪ねた。一九九四年、本塁打王、打点王の二冠に輝いた「竜の一本足」、大豊泰昭さんだった。

現役時代からは想像もつかない、やせ細った姿。娘の命を奪った、同じ病に侵されていた。注文はいつもの「味噌《みそ》ラーメン、コーンとワンタン入り」。ただ、ほとんど箸を付けなかった。病気の影響で、熱いものは食べられない体になっていた。亡くなったのは、その翌月、二〇一五年一月のこと。享年五十一。貴美子さんは泣き崩れたという。「やめないでほしい」。あの日、二人にそう言い残していた。

二人とも「いい年」になり、本当のところ、いつまで店を続けられるか分からない。一軍本拠地時代に比べれば、客足がめっきり減ったのもまた事実。でもOBや現役選手、昔なじみのファンや番記者たちが変わらずに足を運んでくれる。「ありがたいことですよ。お父さんだって、顔や口には出さないけれど、本当はうれしいはずですよ」。貴美子さんが柔らかく笑う。

近ごろ若い選手からは体調を気遣う言葉を掛けられる回数が増えた気がする。吉田さんの返事は相変わらずだ。「うるせえ。それより明日、負けるんじゃねえぞ」。憎まれ口をたたくたび、少しずつ元気が湧いてくるのだ。

鉄板越しの時間

「すぐ食べられるの、ある?」

二〇一七年三月十七日、ウエスタン・リーグ開幕戦。プレーボールまで一時間を切ったころ、ナゴヤ球場の目の前にある「お好み焼きの岬」の引き戸が、勢いよく開いた。

声の主は、熱烈な中日ドラゴンズファンで東京在住の講談師一龍斎貞花《いちりゅうさいていか》(本名・朱宮《しゅみや》正喜)さん(78)=愛知県江南市出身。「あら、いらっしゃい。うれしい顔だこと。すぐ作りますからね」。

店を一人で切り盛りする正木房子さん(70)は、つかの間、二十数年前に戻ったような気持ちで声を弾ませた。

店は、同じマンション一階に構える「ラーメン専科 竜」の三軒隣にある。「竜」より一年だけ早い、一九八一年に開店した。

翌年のリーグ優勝のころからだろうか。店はドラゴンズ応援団の「詰め所」のような存在となり、連日、熱心なファンが席を埋めた。観戦前の腹ごしらえ、勝利の後の祝杯—。一龍斎さんも、そんな当時を知る一人だ。

九七年のナゴヤドーム開場は、球場一帯の風景を一変させた。かつて名鉄の「ナゴヤ球場前駅」周辺は、連夜ユニホーム姿のファンであふれていた。「それはもう、にぎやかでしたよ。夜遅くまで活気に満ちていて」。球場のすぐそばで生まれ育った正木さんは懐かしむ。

鉄板越しに会話を交わす正木さん(左)と一龍斎さん。
かつてのナゴヤ球場一帯のにぎわいを懐かしむ=中川区露橋2で

ナゴヤ球場前駅は「山王駅」に名前が変わり、街は静かになっていった。無理もない。一軍の本拠地時代は三万五千人の観客が詰め掛けた。今は多くても二千人ほど。「私たち商売人が一番、実感してるでしょうね」。数えるほどに減ってしまった店の中で、「岬」は紛れもない「老舗」になった。

ほっとする道しるべ

「うん、味も変わらないね」。香ばしいソースが絡んだ焼きそばに箸を付け、一龍斎さんがうれしそうに笑う。店に来るのは、およそ一年ぶり。「こういうほっとできる店、東京でも減っちゃったよ」。お好み焼きも、焼きそばも五百円。値段も内装も変えず、店を守り続けてきた正木さんに敬意を表す。

もともとは商売好きの母の希望で、しぶしぶ始めた店だった。その母は、開店後わずか一年半で亡くなった。六十九歳。今は「数々の出会いを与えてくれ、世界が広がった」と感謝している。

人波がドームに移り、寂しさがある。でも、鉄板越しに昔なじみや常連客とゆっくり話せる時間も、今はいとおしく思う。気付けば母の年を越え「毎年、毎年が勝負」の心境だが、「体が動くうちは続けようかしらね」。

文字通り、灯台の立つ岬のように、懐かしい球場への道しるべであり続けている。

あまたのファンを受け入れてきた「岬」。その入り口に、オールドファンがのどから手が出るほど欲しがる一枚の手書きのスコアボードが立て掛けられている。「立浪」。独特の字体でそう書かれていた。

看板職人

ダイヤモンドを見下ろす感覚が懐かしい。違うのは人工の芝と、頭上に天井があることか。

三月半ば。広告看板業「八広《はっこう》社」（中川区露橋二）の社長、水谷哲男さん（66）は、公式戦開幕を間近に控えたナゴヤドーム（東区大幸南一）の天井間際にいた。地上約五十メートル。最上段の看板設置作業の指揮を執っていた。

野球人気の低迷が言われて久しいとはいえ、ドームの壁面看板は、今でも広告業界の「華」だ。当然

広告看板取り付け作業の合間にナゴヤドームを見渡す八広社の水谷哲男さん。かつて同じ光景をナゴヤ球場でも見た＝東区大幸南1で

ながら依頼主の目は厳しい。わずかなずれも許されない。「シーズン中のテレビ中継でも、つい看板に目がいっちゃって。試合に集中できないいんですよ」。普段は穏やかな水谷さんが苦笑する。

八広社は一九五四（昭和二十九）年の創業。その年の日本シリーズ最終第七戦で、ドラゴンズは初の日本一を決めた。球場から南へまっすぐ二百メートルの事務所前を天知俊一監督（故人）を先頭にした優勝パレードが通った。「子ども心にも、やっぱり感動しましたよ」。水谷さんは当時を懐かしく思い出す。

会社は水谷さんで三代目。歴代

の職人たちは、その手で球場の看板を一手に引き受けてきた。野球人気の全盛期、絶大なスポンサー効果が見込まれていた球場の広告看板。あらゆる業種の、最大手とも言えるような企業の広告を手掛けてきた。

スコアボードが電光方式に変わる九二年までは、縦百三十センチ、横六十五センチの選手名のボードも書いた。試合中はバックスクリーンに上って展開を見守り、代打などで必要になった選手名をその場で急造したこともある。「大変でしたが、楽しい日々でした」

水谷さんは先輩であり、部下であった一人の名前を口にする。熱心な中日ドラゴンズファンでもあった渡辺亘さん（故人）。会社の「看板職人」だった。

躍動の舞台　彩る技術

その遺作ともいえる一枚が、ナゴヤ球場前のファン御用達の店「お好み焼きの岬」に、今も残る。独特の角張った字体で書かれた「立浪」の二文字。店主の正木房子さん（70）は、渡辺さんが語った逸話をよく覚えている。

「レギュラー選手は白ペンキで、それ以外の選手は使い回せるよう石灰を水に溶かして書いたそうです」。ミスター・ドラゴンズの立浪和義さんはもちろん、前者だった。渡辺さんは役目を終えたボードを「記念に」と、球場目の前の「岬」に残していった。

ナゴヤ球場時代は選手との距離も近かった。今ではありえないことだが、職人たちが外野フェンスで看板を書く真後ろで、選手が練習していることもあった。八広社の下請けとして長年現場を共にしてきた「カナヤマ工芸」（南区浜中町）の金山文夫さん（68）は懐かしく思い出す。「球が飛んで来たら危ないからって、球拾いを買って出てくれて。誰かと思って振り返ったら、なんとそれが星野仙一監督で…」

球場で培った技術と信頼は今、そのままドームに根付いている。二〇一七年で二十年。高度なデザインが要求される広告が増え、手書きの割合は徐々に減っている。だが、仕事に妥協はない。かつて渡辺さんは言っていた。「俺たちがいなくて、どうして試合ができる」。最高の球場で、最高のプレーを。選手たちの躍動を誰よりも願っている。

真昼のプレーボール

内野をぐるりと囲むスタンドすべてが彼女の守備範囲だ。「人との出会いが楽しい。天職なのかな」。ナゴヤ球場で売り子として働く折戸紫帆《しほ》さん（27）＝愛知県岩倉市＝は、十八歳の

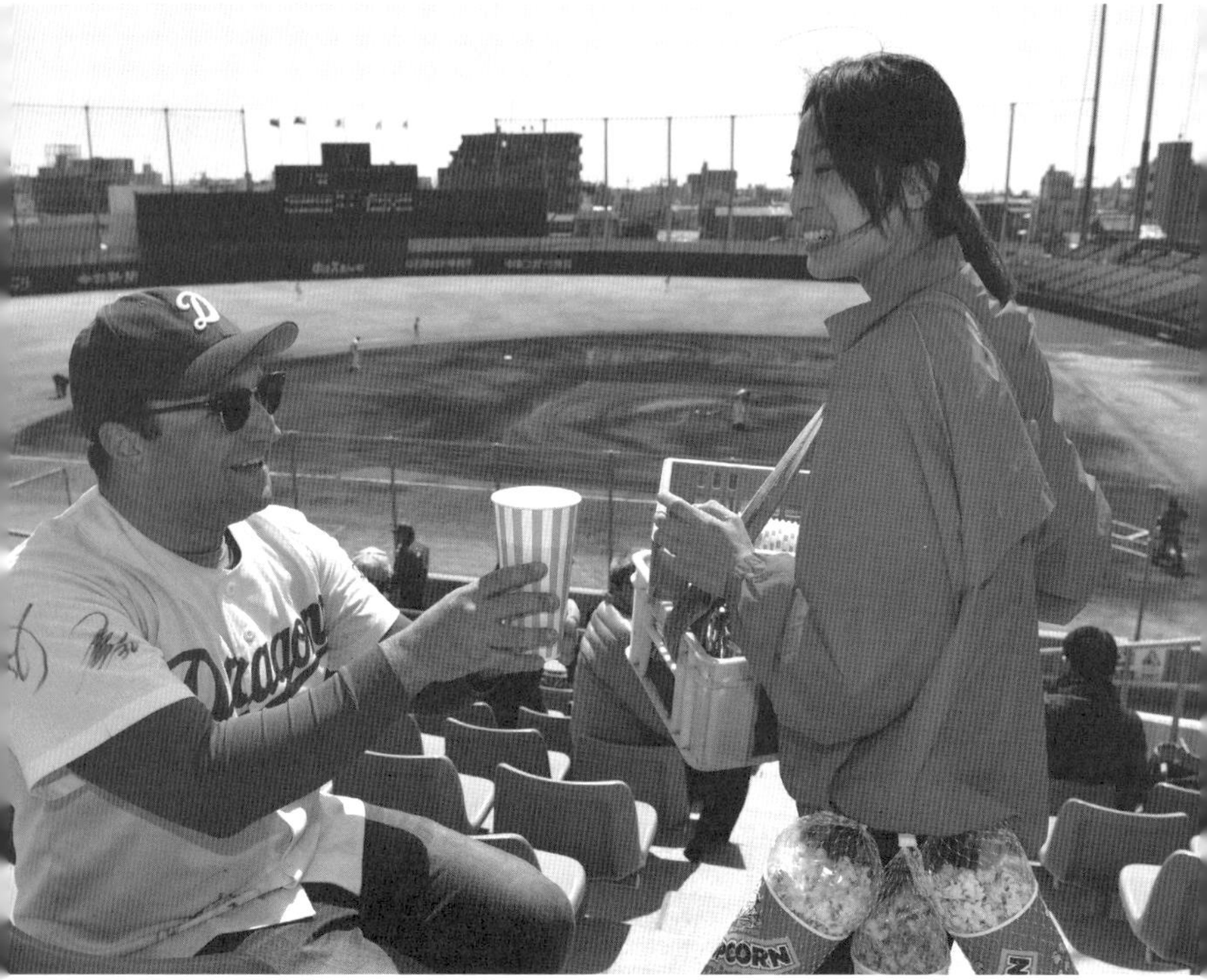

ミギー・ディランさん（左）にドリンクを手渡す折戸紫帆さん。
一期一会、スタンドは出会いの場だ＝中川区露橋2のナゴヤ球場で

ころから、この仕事を続けている。

球場内で唯一の売店を運営する「サンエス」（西区）のアルバイト。観客は多い日でも二千人ほどなので、スタンドに出るのは基本的に一人だけ。自然と顔なじみが増えた。

一児の母。肩に掛けたケースには、ビールなどの五百ミリリットル缶が三十本近く積まれている。重さは十五キロほど。二歳の長男よりまだ重い。「まあ、肉体労働ですよ」。結婚や出産で球場を離れた

時期もあるが、結局は戻ってきた。「試合が昼間なので働きやすくて」。二〇〇〇年の改修でナイター設備が撤去され、開催試合はすべてがデーゲーム。ウエスタン・リーグ戦は午後零時半に始まり、たいてい三時すぎには終わる。保育園への迎えにも何とか間に合う時間だ。

この日、ひときわ目立つ大柄な外国人男性から注文があった。「重いのに大変ですね」。流ちょうな日本語。背番号「54」と「ＥＬＬＩＯＴ」の文字が書かれたユニホーム姿。ファンの間では「三塁側のエリオット」として知られる、ちょっとした有名人だ。

ニューヨーク出身のミギー・ディランさん（40）＝名古屋市緑区。江戸文学が専門の名古屋大准教授だ。「エリオット」は、ナゴヤ球場を舞台にした一九九二年公開の米映画「ミスター・ベースボール」の主人公の名前。映画は、落ち目の大リーガーがドラゴンズへ移籍してきて、さまざまな出会いの中から再出発を果たすストーリーで、本物のナゴヤ球場で撮影された。ミギーさんは母国の映画館で見て感動し、日本語を学ぶきっかけにもなった。縁あって名古屋に赴任した二〇一一年から、憧れだった球場に通うようになった。

決して大げさではなく、球場での野球観戦が不慣れな日本での生活の「支え」だった。「ファンの友人もたくさんでき、初めて名古屋との絆ができました」。年に数回はナゴヤドームにも行くが、屋外での観戦の方が好きだ。「晴れ渡った青空の下で野球を見られるのは天国のよう。休日の一番の楽しみです」。折戸さんから飲み物を受け取り、人なつっこい笑顔を見せた。

出会いの場　楽しくて

一塁側外野寄りの席でホットコーヒーを頼んだのは、遠藤隆さん（54）＝同県あま市。年間パスを持ち、遠征先にも観戦に行く二軍戦好き。幼少時の病気で体にまひが残り、運動障害がある。それでもファウルボールを捕るのが楽しみで、飛んでくる確率の高そうな席を選んで座る。「去年は八球も捕りました」。実は、折戸さんも一球捕ったことがある。「常連客」の遠藤さんに頼まれる前からコーヒーに砂糖とミルクを入れ、そっと手渡した。

球場は一〇年にも大規模改修があり、外野席がなくなった。天気予報が雨だったり、ほかに大きな行事があったりすると、観客は如実に減る。試合中の歓声はまばらで、弁当や飲み物を売る折戸さんの高い声がよく響く。

折戸さんは一軍のホームとして連夜にぎわった球場のかつての姿を人づてにしか知らない。当時、売り子は百人以上いた。

商売柄、大勢来てくれる方がいいに決まっている。でも「これが今のナゴヤ球場ですから」。野球が本当に好きな人たちと過ごせる時間を、これからも大切にしていく。

記者の一言

三十路を過ぎて間もない筆者には実は一軍本拠地時代の記憶はほとんどない。ただ幼稚園か小学生のころ、熱心な竜党だった祖父に手を引かれ、観戦に行った覚えがある。試合より、スタンドと同じ高さを走る新幹線に目を奪われていたけれど。

選手には申し訳ないが、今の球場は、お世辞にもにぎやかとは言えない。かつてを知る人が寂しさを感じているのも事実。でも魅力に満ちた場所であることは変わらない。そのことを伝えたかった。

春休みに差しかかる時期の取材で、スタンドにかつての自分の姿を見つけた。祖父の膝に乗り、特別な「解説」付きで観戦する少年。きらきらした視線を選手に向けていた。きっと、かけがえのない思い出を胸に刻んだはずだ。

（安藤 孝憲）

街角トピック

1949(昭和24)年に開場した前身の「中日スタヂアム」は木造スタンド。51年8月の巨人戦の最中に火災があり、死者3人、負傷者300人以上の大惨事を起こしている。バックネット裏に投げ捨てられたたばこの火が原因だったとみられている。火災後に鉄筋コンクリート製に改修。75年、ナゴヤ球場に名称変更された。熟練職人らによるグラウンド整備に定評があり、黒い土のダイヤモンドは「日本一」と言われた。

94年10月8日の中日―巨人の同率首位決戦「10·8」や、同じ対戦カードで一軍公式戦最後の試合になった96年10月6日の「10·6」など、今でも語り草になる名勝負を数多く残した。ちなみに両試合とも中日は敗れ、選手やファンは目の前で長嶋茂雄監督(当時)の胴上げを見つめる屈辱を味わった。

女性アイドルグループ「モーニング娘。」が97年11月、「CDを5万枚手売りで完売したらメジャーデビュー」という条件を達成した場所でもあり、ファンの間で「聖地」と呼ばれることも。

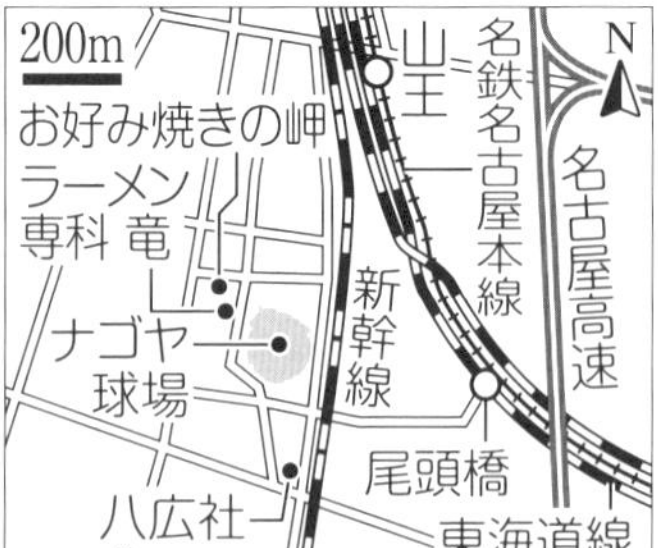

球場の隣には屋内練習場と合宿所が一体になった「昇竜館」があり、独身の若手選手が居住。練習日にサインをもらおうとファンが門の外で「出待ち」する光景も日常だ。

第15話

港区・宮古の花

名古屋市港区甚兵衛通に沖縄・宮古島の家庭料理の居酒屋「宮古の花」がある。周辺には、戦後、島から渡ってきた人が多く住み、この店に集まってくる。人情交差点第15話は、島の伝統を守り、互いに支えあって生活してきた島人《しまんちゅ》の連帯と、遠く離れた故郷への思いを描く。

ティーユトゥイ

引き戸をがらりと開けて、三十席ほどの店に一人で入ると、相席のテーブルに案内された。え、相席？　戸惑う間もなく先に座っていた三人と、とりあえず乾杯。名前も知らないけど、まあいいか。

周りの客に合わせて沖縄・宮古島の泡盛「ニコニコ太郎」の一升瓶を注文すると、テーブルに運ぶ前に、厨房《ちゅうぼう》のカウンターに置いたコップに少しだけ注ぐ。「火の神様」へのお供えだ。

壁際の座敷席では、幼い兄弟が寝っ転がって、じゃれ合っている。

「家みたいな店なのさ」。名古屋市港区甚兵衛通、沖縄家庭料理の居酒屋「宮古の花」。宮古島出身の経営者前泊《まえどまり》順子さん（64）のふくよかな笑みが、おおらかな時間をつくり出す。

順子さんが島から千六百キロ離れた名古屋市に渡ったのは、沖縄返還の一九七二（昭和四十七）年、二十歳の時。上空から見た市内は住宅が

居酒屋「宮古の花」を経営する前泊順子さん。
宮古島の家庭料理がメニューにずらりと並ぶ＝港区甚兵衛通で

びっしりと立ち、まるで違う世界が広がっていた。

職を求めて来た島出身者が多く住む港区に、姉の自宅があり、そこを拠点に一カ月だけ遊んで帰るつもりだった。ところが、お金を使い果たし、喫茶店でアルバイトをすることに。偶然、客として訪れた幼なじみの健さんと結婚し、六人の子宝に恵まれた。

九四年、生活が一変する。建物解体業を営んでいた健さんが、脳出血のため四十一歳で亡くなった。長女こそ社会人になっていたものの、残りの五人は小学二年～高校二年。順子さんは弁当工場でパートをしながら大型トラックの免許を取り、子どもたちを食べさせていく道を探った。

ただ、家族と一日中、顔を合わせられない仕事は嫌だった。「いつか、そば屋をやろう」と話していた亡き夫との夢。自宅に近い大通り沿いのビルの一階を借り、九六年十二月に始めたのが「宮古の花」だった。

島離れても助け合い

順子さんの話に耳を傾けていると、作業服姿の前泊康成さん（60）が現れた。「最初の五年、店は島の人であふれ返っていた」。カジキマグロなどを揚げた古里の料理を注文し、当時を振り返る。

順子さんを知る島の出身者は、店のレイアウトを考え、内装工事を手伝った。オープンすると、店を手伝う娘たちに、酒を飲まない順子さんに代わって水割りの作り方も教えた。内地の客が来れば、そっと席を譲る。健さんと同様、解体業を営む康成さんも、家族や従業員を連れて週の半分は通った。

宮古島では戸を開けっ放してサトウキビ畑に出ると、隣のオバーが留守番をしてくれる。朝起きると、勝手に上がり込んだ近所のオジーが食卓を囲んでいる—。そんな生活が当たり前だった同郷の人たちが、面倒見の良い「順子おばさん」の苦境を放っておくはずがなかった。

ニコニコ太郎の杯を重ね、顔を赤らめた康成さんが「ティーユトゥイ」と両手を重ねるしぐさを繰り返す。宮古の長老がことあるごとに口にする、その言葉は「手を取り合う」という意味。隣でうなずく順子さんの笑顔は、島人《しまんちゅ》の助け合いの精神が名古屋に咲かせた優しい花のようだ。

宮古島市

沖縄本島の南西約三百キロに位置し、宮古島、伊良部島など六つの島から成る。面積は約二百平方キロで、人口は約五万四千人。マンゴーなどの特産品で知られる観光地。名古屋への移住者に関する統計はないが、約二十年前にあった宮古島郷友会の会員だけで千人を超える。特に宮古島北部の西原地区から移住した人が港区周辺に多い。

アララガマ根性

名古屋市港区甚兵衛通の居酒屋「宮古の花」を経営する前泊《まえどまり》順子さん（64）のおいっ子、仲《なか》宗根力《そねつとむ》さん（56）＝同区惟信町＝は四十年前、叔母の自宅を初めて訪れ、あぜんとした。

解体現場で作業員と談笑する「力組」の仲宗根力社長（左）。負けん気の強さが今につながる＝中川区で

「宮古島より田舎に来ちまった」

高校を一年で中退し順子さんを頼って島から出てきた。テレビで知る名古屋は大都会。ところが、港区の順子さんの自宅周辺は田んぼばかりで、ほかにあるのは釣り堀ぐらい。

ただ、島の出身者は周りにたくさんいて、さびしさを感じなかった。さっそく、解体業を営んでいた順子さんの夫、健《たけし》さんの下で働き始めた。

当時、重機は使っておらず、「掛矢《かきや》」と呼ばれる大型の木づちやバールで、建物を壊していた。前が見えなくなるほどのほこりがたち、十分ほどで全身が真っ黒になる。

二、三週間がたったころ、あまりのつらさに一度は島に逃げ帰った。三カ月ほどで体重は九〇キロから六八キロにまで減った。

沖縄が日本に復帰して、まだ五年ほど。沖縄出身者への差別もあった。スナックに「沖縄の人お断り」の張り紙があったり、アパートの大家が部屋を貸してくれなかったり。「『英語はしゃべれないの?』と外国人扱いされた」と憤る同年代の島出身者もいた。

陰で支えた街の再生

それでも続けてこられたのは、「負けてたまるか」を意味する「アララガマ」根性と、時には仕事を分け合う同郷の助け合いがあったから。一九八二(昭和五十七)年に立ち上げた「力《りき》組」でこれまでに解体した住宅などは二万棟近くに上り、名古屋で島出身者が経営する解体会社は二十社を超える。

仲宗根さんらが「長老」と慕う一人に「達弘組」会長の前泊達弘さん(76)=港区高木町=がいる。「宮古島の人はシャイなのよ」と、本人に代わって説明してくれた妻の桂子さん(66)によると、達弘さんは沖縄返還の七年前、米軍統治下でパスポートが必要だった六五年ごろ、名古屋に来た。

宮古島から那覇まで船で一泊。さらに船を乗り換えて鹿児島まで二泊。そこから夜汽車で名古屋に向かう時代だった。達弘さんの実家は七人きょうだいで十五人家族。サトウキビ栽培で全員が食べていくのは難しかった。

北区の会社で解体の仕事を学び、港区で独立すると「宮古の人を助ける」と次々に島から人を呼び、仕事を教えては独立させた。高度経済成長の建設ラッシュで、解体の現場は多かった。港区周辺に島出身者が増えるきっかけになった。

建築と異なり、解体の仕事は形に残らない。だが、壊さなければ新しい建物はできない。「先輩のまねをしてやっているだけ」。素っ気ない仲宗根さんの言葉に、名古屋の発展を陰で支えてきた島人《しまんちゅ》の誇りがにじんだ。

オジーの会

四月末の午後五時半ごろ、名古屋市港区甚兵衛通の居酒屋「宮古の花」に、ぽつりぽつりと中年の男たちが姿を現し、座敷席の下座を埋め始めた。全員が白いワイシャツに黒いスラックス。遅れて入ってきた先輩に「こんばんは」と野太い声であいさつする。

年齢の順に車座になった十一人は、全員が沖縄・宮古島の西原地区出身。古里の祭祀《さいし》を担う

「ナナムイ」のオジーだ。

西原では一定の年齢に達した男女が「神役《かみやく》」として、ナナムイに加入する。男性は四十八歳からの七年と決まっている。西原出身であれば、今どこに住んでいるかは関係ない。「入学」と「卒業」の際は、集落の全員が公民館に集まって祝福する。

進行役に促され、十二月で卒業する「長老」で左官職人の下地晃さん（54）＝南区港東通＝が、席を立って方言であいさつする。テーブル席に座る内地の客は、単語すら聞き取れず、ぽかんと見つめるほかない。

下地さんは十八歳で上京。専門学校で学び、建設会社に勤めた後、いとこを頼って二十三歳で名古屋に来た。東京では名古屋ほど濃密な島出身者の交わりはない。方言を使う機会は限られ、「寂しかった」と振り返る。

分かち合い　伝統守る

あいさつを終えると、茶わんに注いだ西原の泡盛「ニコニコ太郎」の水割りをぐいっと飲み干し、座敷席を回って、同じ茶わんで一人一人に酒を注ぐ。

十一人全員が、これを繰り返す。次第に酔いは深まる。「だけど、けんかは絶対ない」と下地さん。ナナムイはあくまでも「神の子」の集まり。「先輩を敬い、後輩をかわいがる」。規律

「宮古の花」に集まった「オジーの会」の人たち。
恒例の泡盛の回し飲みを終えると、三線の音色に合わせて踊りだした＝港区甚兵衛通で

は保たれる。

年に五、六回ほど宮古の花で開く集まりは「オジーの会」とも呼ばれ、西原の祭祀の勉強会を兼ねる。あいさつの際、うっかり標準語を使うと、先輩から厳しい指摘が飛ぶ。以前は東京からも西原出身者が通ってきた。

下地さんの同期生で、土木会社の現場監督を務める比嘉盛栄《せいえい》さん（54）＝日進市浅田町＝は都会に憧れ、十八歳で名古屋に出て

きた。当初暮らしていた熱田区のガード下で初めて見た新幹線。一時間以上いても飽きることはなかった。

ナナムイに入ると、多い年で四、五回は島に帰る。一回にかかる費用は少なくとも二十万円。名古屋出身の妻や勤め先の理解を得るのは容易ではない。それでも帰る。「伝統を守らなければいけないから」

午後八時すぎ、店に三線の音色が響いたのを合図に、全員が立ち上がって踊りだした。ナナムイに地位や肩書は関係ない。同じ時間、同じ気持ちを分かち合うことの大切さを、オジーたちは知っている。

島の子

沖縄・宮古島の聖なる森「御嶽《ウタキ》」を研究する文化人類学者で中部大（愛知県春日井市）講師の平井芽《め》阿《あ》里《り》さん（36）＝名古屋市北区出身＝は高校二年生だった一九九六年、母に決断を迫られていた。「私は島に行く。あなたがどうするかは自分で決めなさい」

キャリアウーマンだった母は「忙し過ぎて心をなくした」と、小牧市に家族を残して宮古島に渡ることを決めていた。「まずは一度、見てみよう」。ガタガタと音をたてて海面すれすれを行く小さな飛行機で、五月に初めて島を訪れた。

青い海とカラフルな花々。それ以上に鮮烈だったのが、宮古高校の正門で見た丈の長いスカートの女子生徒の姿だった。

全国の女子高生の間で、ミニスカートにルーズソックス、茶髪が流行していた時代。「流されずに意志を持って生きている」。周りに合わせることに息苦しさを感じていた平井さんには、島の同年代がまぶしく見えた。

「編入したい」と宮古高校を訪れると、男性校長が冷蔵庫からマンゴーを取り出し、手をべたべたにしながら自ら皮をむいてくれ

宮古島の研究を続ける中部大講師の平井芽阿里さん。
高校時代の1年8カ月を島で過ごした＝春日井市の同大で

た。「おいしいでしょ。それが宮古なんだよ」。発言の意味はよく分からなかったが、歓迎の気持ちは伝わった。

月五千円の借家で母と二人暮らしを始め、九月から宮古高校に通った。当初は「ナイチャー」（内地の人）と呼ばれて警戒されたが、夏休み中にマンゴー畑の草取りを手伝い、誰よりも日焼けしていたのが奏功したのか、二カ月もすれば打ち解けた。

論文にまとめ恩返し

大学進学で実家に戻り、一年八カ月の島の生活は終わった。ただ、島のそこかしこにある聖域や、住民の神様への畏れに対する驚きは、大学院に進んで島の研究をする原動力になった。

研究は、高校時代の同級生の実家に一年泊まり込むなどして進めた。同級生の母親は、御嶽の「神《かみ》行事」を担う「神役」を務めていた。

十年の集大成となった博士論文には、年に四十八回ある神行事の流れや供物の配置、目的などを詳細に盛り込んだ。現地で新たに神役になる人が参考にしてくれているのが、何よりの喜びだ。

一般向けに分かりやすく書き換え、「宮古の神々と聖なる森」として出版した。「島のオバーに分かってもらえないものには意味がない」と考えたからだ。今でも論文や本が完成すると、島の神様にお供えして報告する。近年は名古屋に移住し、港区甚兵衛通の居酒屋「宮古の花」などに集まる島出身者の研究にも取り組む。

博士論文の結論は「人の祈り込みの力があるから、ただの森が聖地になる」。その聖地は、神役のなり手不足で失われつつある。半分は研究者で、半分は島の子。「だからこそ、できることがある」。聖なる森の担い手を見守り続ける。

御嶽

沖縄各地にある地域の祭祀《さいし》の中心となる聖域で、森の場合が多い。すべてのものに魂が宿るとする日本古来の自然崇拝と共通し、神社の原形とする説もある。「神役」として、神に許された特別な女性しか立ち入りを許されない地域もある。男性の神役は補佐的な役割を務めることが多い。負担の重さから神役のなり手不足が課題になっている。

島の心

午後七時すぎ、店の中から、ゆったりとした弦楽器の音色が漏れてきた。時折「サー、サー」と女性の歌声が重なる。

定休日の水曜、名古屋市港区甚兵衛通の居酒屋「宮古の花」は、三線《さんしん》教室の会場になる。声の主は経営者の前泊《まえどまり》順子さん（64）の四女で、教室の講師を務める稲福加津江さん（36）だ。

三線を始めたのは、父の健《たけし》さんが亡くなった中学二年のころ。稲福さんは「ほぼ強制だった」と苦笑いする。「島とのつながりが失われてしまう」と心配した順子さんの意向で、三女の正枝さん（38）、五女の里奈さん（32）と上前津（中区）にある沖縄の八重山民謡の教室に通い始めた。

順子さんが島からニシキヘビの本革を貼った十万円超の三線を取り寄せ、与えられた。一日三時間ほどの睡眠で働く母の姿から、家計が苦しいことは理解しており、最初から退路は断たれていた。

とはいえ、稲福さんも遊びたい盛り。上前津に向かう途中、大須に寄り道して教室に遅刻したことがばれると、「すなすよ」（死なす）と叱られた。多い年は島に年六回通い、宮古民謡の師範の指導を受けた。

つなぐ三線　異境でも

高校生になったころには、宮古の花での演奏のほか、「前泊三姉妹」として市内の福祉施設などで披露した。三姉妹全員が慰問をきっかけに介護士の仕事に就いている。

稲福さんは「小学校に上がるまで両親はアメリカ人だと思っていた」と真顔で言う。二人が

KIRIN

「宮古の花」の定休日に開かれた三線教室。
小嶋純生さん（右端）らに手本を見せる稲福加津江さん（左）＝港区甚兵衛通で

話す言葉は、外国語だと思っていた。

島の言葉と心は、宮古民謡を通じて学んでいった。さりげない家族の日常に温かみが宿る「家庭和合《キナイワゴウ》」、かつて島民に課せられていた人頭税の廃止を祝う「漲水の声合《ハリミズヌクイチャー》」…。教室は二〇〇二年ごろに開き、今は十人ほどの生徒の多くが名古屋の出身だ。

午後八時前、同朋高校一年の小嶋純生さん（15）＝港区本宮町＝が、息を切らしながら店の引き戸を開けた。ラグビー部の練習を終えた後、自転車で駆け付けた。

沖縄好きの母とともに小学三年で三線を始め、今は一人で通う。家族旅行で沖縄に行き、演奏を披露すると「現地の人？」と聞かれるほどの腕前だ。

思いを込める大切さを伝えるため、沖縄戦の女学生の悲劇を題材にした「ひめゆりの唄」を稲福さんが謡った時、小嶋さんらは静かに聞き入った。沖縄と島の心を、三線の音色に乗せて伝えていく。

記者の一言

「オジーの会」を取材している最中、私は冷や汗をかいていた。オジーの話している言葉が全く聞き取れなかったからだ。

会はひんぱんに開かれているわけではない。最初から一発勝負と決まっていた。追い詰められた私は、開き直ってほとんどメモを取らなかった。半ば参加者になって、泡盛を回し飲みする「オトーリ」を体験させてもらった。

少しだけ酔いながら、子どものころ田舎の親戚の家に集まった時の感覚を思い出した。年長者を中心とした輪、温かみのある方言、素朴な家庭料理…。恐らく昭和のころは日本の至るところにあり、今は消えつつある光景。宮古の花での集まりが、オジーの子どもや孫の世代に受け継がれ、いつまでも続いてほしいと思った。

（立石　智保）

街角トピック

宮古の花では、沖縄·宮古島の家庭料理が楽しめる。

天ぷらミックスは、米国の占領下で配給されたメリケン粉が育てた沖縄のソウルフード。カジキマグロやゴーヤーを包むもちもちした衣は味付きで、おやつにもなる。台風で外で遊べない日は、子供たちがつまんで過ごすのだとか。

豚足と大根、コンブを煮込んだテビチは、コラーゲンたっぷり。宮古そばは、沖縄本島と異なる真っすぐな麺が特徴だ。

みそは、宮古みそに名古屋の赤みそを加えた順子さんの特製。島らっきょのみそ炒めは、まろやかな味わいで、酒がすすむ。近年は末っ子の長男傑人《まさと》さん(30)が主に厨房に立ち、孫の松谷あゆみさん(22)らも手伝う。

営業時間は午後5～同11時で、日曜日のみ午前11時から。定休日の水曜日に開かれる三線教室は午後7～同9時。

番外編

居酒屋対談

市井に生きる人々の姿を追う「人情交差点」。2016年末、グラフィックデザイナーで、居酒屋探訪の達人でもある太田和彦さん(70)と中日新聞の寺本政司社会部長(53)が対談した。場所は、太田さんが「日本一の居酒屋」と呼ぶ中区栄一の「大甚《だいじん》本店」。サヨリの刺し身やアナゴの煮付けをつまみつつ、ほろ酔い加減の二人の話題は人情から居酒屋論へ—。

居酒屋で心の充足を

寺本▼ 新聞の記事は「昼間」の話題が多くなりがち。居酒屋で最初の一杯を飲むときのように、大人が読んでほっとするような話を載せたいと思って始めたのが「人情交差点」です。人情をどのように考えていますか。

太田▼ 新聞連載では人情話が次々と出てきて驚いています。今の世の中で一番大切なものが人情。人情あふれる話は読んでいて心が温まり、生きる勇気を持たせてくれる。でも、最近人情が薄れてきている。経済至上主義のせいでしょう。人を働く機械のように扱い、弱者を切り捨てる。教育政策も影響しています。学校の先生が忙しすぎる。親を恐れ、子どもとの関わりを避けているように見える。人情なんて生まれるわけないですよ。

寺本政司社会部長（右）と語る太田和彦さん＝名古屋市中区栄の大甚本店で

寺本▼居酒屋好きなのは、人情に触れられるからですか。

太田▼僕は自分から話し掛けないんだけど、客を見ていると、皆同じなんだってことがよく分かります。人を見るのに、居酒屋ほどいいところはない。お酒を飲んでいるので皆、心を開いていますから。こういう気を抜く場がないと、人間はやっていけませんよ。

寺本▼出会いや触れ合いにも期待していますか。

太田▼店の人と話すと必ず得るものがあります。居酒屋を自分の力で開拓しようとしている人は、いろんな人に出会えることを楽しみの一つにしているのでは。居酒屋は、主人が話し相手をしてくれます。レストランのシェフにはできないことですよね。

寺本▼居酒屋は人情を醸成する場所ですね。

太田▼一番の場所じゃないかな。自分のいろんな悩みをはき出せる場だから。家で一人で飲んでいても気分は晴れないけど、居酒屋で飲んで話し、人の話も聞けば、俺だけじゃないんだって安心感を得られる。都会の安定装置なんですよ。

寺本▼最近は女性が一人で飲みに行くこともありますね。

太田▼女性が世に出て男性と同じように働くようになると、単にしゃれたレストランでおいしい物を、ということではなくなる。居心地やおかみさんとの関係を求めて、心の充足のために行くようになるんです。悩みを消すのに女性だって居酒屋がベスト。「女が一人で飲み歩いて」なんていう時代じゃない。

日本一の居酒屋と語る大甚本店で
小鉢を手に取る太田和彦さん＝中区栄1の同店で

寺本▼ リタイアした人がこれからさらに増える。会社を離れた人こそ、人情を必要としているのでは。

太田▼ リタイアしたご夫婦が一緒に居酒屋に行くケースは多いですよ。酒がある限り、話が弾む。夫が店の主人と闊達《かったつ》に話すのを見て、妻がほれ直したというご夫婦に会ったこともあります。

人生の肯定が出発点

寺本▼ 拡大解釈かもしれませんが、人情は人の情けと書くくらいだから、共感することが一番大事ですよね。人の生き方やその土地の考え方に共感し、ぐっと寄り添う。共感するためには出会わないといけない。メールで共感は生まれない。

太田▼生まれるわけがない。基本はやっぱり顔を見ての言葉と言葉ですから。その時の一番のこつは「肯定」ですね。人は肯定されたい。肯定が人情の出発点。会社ですご腕だった人が退職した後も、よく「違う」「そうじゃない」と否定することで自分を立派に見せようとするのはいただけない。居酒屋は互いの人生を肯定する場所。相手に深入りせず、その場限りの関係でも、互いに互いの人生を肯定していることが確認できればいい。

寺本▼人の生き方って千差万別。否定される人生ってないと思うんです。とはいえ、私も社内では「君の言ってることは違う」などと言ってしまうことがありますが。

太田▼仕事の場でそれは当たり前。しかし居酒屋で大切なものは人情です。ネットは人情の敵です。相手の顔を見て話すから人情が生まれる。口では言えないことが表情から読みとれる。それが酒の良さです。人情復活、大賛成ですよ。人情なくして、なんの人の世ぞや。

寺本▼どんな人でも自分の物語を持っている。

太田▼そうです、そうですよ。語りたいわけですよ。語ったら肯定されたい。それは居酒屋しかないんじゃないかな。

寺本▼私なんか、酒が飲めなければもう少し本を読めたかな、勉強できたかな、と思ってしまうことがあります。

太田▼家で本を読んでいるより、居酒屋に一時間いたほうが、よほど生きた教材に出会えますよ。人情は理屈ではない。ここにこういう人がいるという実話ほど強いものはない。それは探しに行かないといけない。美談も、泣かせる話も、だらしない話もいい。

寺本▼行く地方ごとに居酒屋は違いますか。

太田▼居酒屋ほど県民性や気質が出る所はないですね。名産品を食べ、地酒を飲んだだけで帰っちゃうのはもったいない。食べてから、方言の美しさに耳を澄ませ、地元の人の顔を見る。地方だと小さい店に、偉い人もそうでない人もみんないるから面白い。

寺本▼名古屋は市が実施したアンケートで「行きたくない街ナンバーワン」になってしまいました。

太田▼

名古屋の物足りなさは、私にとっては飲み屋小路がないってことに尽きますね。「人情交差点」を読んで、名古屋の特徴的な気質を読み取ろうとしています。東京なら江戸っ子、大阪なら浪速っ子の気質がある。「人情交差点」から、名古屋っ子の気質が浮かび上がってきそうで、それがこの長期連載の意義ではないかと。今年も楽しみにしています。

太田 和彦（おおた・かずひこ）

1946年、北京生まれ。東京教育大卒業後、資生堂宣伝部制作室に勤務。89年に独立。グラフィックデザイナーとして活躍する一方、居酒屋探訪の達人として知られ、「居酒屋を極める」（新潮新書）など著書多数。

大甚本店

1907（明治40）年創業。45（昭和20）年3月の空襲で焼失し、終戦の2年後にバラックで営業を再開したが、酒がなかったためそばを売っていた。48年から再び酒を扱い、54年から現在の店舗。テーブルや座敷に相席で座るのが特徴で、漫画家の東海林さだおさんや政治家ら著名人にも愛されてきた。料理は小皿に盛られた総菜を自分で選んで取っていく方式。酒はビールと日本酒（賀茂鶴、菊正宗）のみ。月曜ー金曜は午後4〜9時、土曜は午後8時まで。日曜祝日休み。

あとがき・担当デスクから

「あれ？」。前夜、書き直しを指示した原稿が送られてきましたが、肝心の指摘した部分が直っていません。しばらくして、記者から電話がかかってきました。「すみません。どこを注意されたんでしたっけ。酔っぱらって覚えていなくて…」

二〇一六年一月から連載が始まった「人情交差点」は、一話につき五回。大体、二回目の原稿が記者から出るころ、舞台となった場所に出向きました。「担当デスクとして自分の目で現場を確かめておかなければ」と言えば聞こえはいいですが、ただ原稿を読むうちに、行きたくなってしまうからです。こっそり一人で行ったり、記者と一緒に取材先の店を訪ねたり。お酒が入った後に原稿について話し合ったら、前記のありさまになり、以降は飲んだ後に仕事の話をするのはやめました。

「取材先が見つかりません」「難しいです」―。担当する記者からは毎回、同じような言葉が出てきました。執筆しているのは二十代から三十代前半までの社会部の若手。多くが「署回り」と呼ばれる記者で、日ごろは警察取材や受け持ちの街の話題を担当しています。日常の仕事をこなしながら、一カ月以上かけて一話を書き上げています。

デスクとして最初に注文するのは一つだけ。「ふれあいを描くこと」。記者たちは担当地域をひたすら歩き回り、題材を探しました。多くの人に会い、話を聞きました。夜の街を取材して「この記事のために一体、何軒で飲んだか…」と笑っていた記者が連載終了後に結石を発症したのは、決してお酒のせいではなかったと信じています。

夜の話ばかりになってしまいましたが、お読みいただいたように、記者たちが描いているのは、早朝から深夜まで、さまざまな時間、場所での人の営みです。何度も足を運んで話を聞くうちに、借金や性同一障害、病気など、「親にも言っていない」という話を打ち明けてくれた人もいます。書き切れなかったエピソードは数知れず。紙面の都合などでご紹介できなかった人もいます。最初はため息ばかりだった記者たちですが、終われば全員「つらかったけど、やって良かったです」。みな、自分が担当した街をより好きになりました。

連載は、執筆者一人ではできません。写真、見出し、イラストと、社内の多くの人間がたずさわり、一年以上の長期連載が続いています。関係者の皆さんにこの場を借りてお礼を申し上げます。

そして何より、記者たちを成長させてくれた街の皆さま、本当にありがとうございました。

境田　未緒（現・中日新聞ソウル特派員）

通勤で電車に乗っていると、スマートフォンを操作している人が、何と多いことでしょうか。本を読んでいる人は、ごく少数。新聞となると、全く見掛けず、少々、寂しくなります。話がそれました。スマホのことがよく分からないのは承知で、言います。ひたすら画面とにらめっこしている光景に、漠然と人情の危機を感じたのです。

「人情交差点」の担当デスクになったのは、二〇一七年の年が明けてからです。ある時、記者に聞かれました。「人情って何ですか」。案の定です。スマホの前のケータイ世代ですら、こうきます。

辞書（大辞林）によると「人間が本来もっている人間らしい感情。特に、人に対する思いやりやいつくしみの心」となります。なんとなく分かるようで、では、連載で何を書けばいいのか説明しようとすると、なかなか言葉が出てこない。薄情な私は「とにかく書け」とだけ言います。

連載の舞台として、まず取り上げたのは、銭湯でした。記者が取材に追われていた一月中旬の夜、「担当デスクとして自分の目で現場を確かめておかなければ」と、銭湯を訪れました。寒さが一段とこたえる夜でした。ささっと服を脱ぐと、湯船に首まで漬かり、暖まりました。ジェットバスで体もほぐしました。

その夜も記者は、かなり冷える待合所で、ダウンジャケットを着たまま、取材相手を待っていました。まとまった取材時間が取れないので、毎晩のように通い、少しずつ話を聞いていたようです。湯冷めしないように、いや、取材の邪魔をしないように、薄情な私でも「頑張れよ」

と声を掛け、すぐに帰りました。

デスクがこの調子だと、記者は自分で考えて、かけずり回るしかありません。半面、人情に敏感になり、心に染みたでしょう。きっとプラスになったはずです。こうして記事はでき上がりました。

どの記者も連載が終わると、「やって良かった」と言うのは、前任のデスクに対してと同じです。ただ、「次はこれをやりたい」という相談は私にはありません。デスクが交代するのを待っていたのでしょうか。「情けは人の為ならず」ということわざが、頭に浮かびました。

最後になりましたが、快く取材に応じてくれた皆さん、ほかにも、いろいろな人にお世話になりました。記者を支えていただき、本当にありがとうございました。

それから、もう一つ。銭湯での記者とのやりとりは冗談です。日付が変わって取材が終わるまで待ち、お酒をおごってやりました。つまみも奮発してやりました。なのに、あまりうれしそうな顔ではありません。毎日遅くまでの取材で疲れていて、早く帰宅したかったようです。見せかけの人情は、スマホも自在に操る彼には、もう通用しませんでした。

田畑　皆彦（現・中日スポーツ総局レース部長）

取材班メンバー

デスク	境田 未緒　田畑 皆彦
ペン	天田 優里　安藤 孝憲　市川 泰之　伊藤 隆平 奥村 圭吾　小椋 由紀子　河北 彬光　斎藤 雄介 立石 智保　戸川 祐馬　森 若奈　福本 英司
カメラ	畦地 巧輝　池田 まみ　今泉 慶太　鵜飼 一徳 内山田 正夫　榎戸 直紀　大橋 脩人　小沢 徹 佐藤 哲紀　佐藤 春彦　嶋 邦夫　田中 久雄 中村 千春　中森 麻未　長塚 律　野村 和宏 布藤 哲矢
イラスト	安藤 邦子

なごや人情交差点

2017年8月3日　初版第一刷発行

編　著　中日新聞社社会部
発行者　野嶋 庸平
発行所　中日新聞社　〒460-8511 名古屋市中区三の丸一丁目6番1号
電話 052-201-8811(大代表)　052-221-1714(出版部直通)
郵便振替 00890-0-10
デザイン 全並大輝
印　刷　長苗印刷株式会社

ISBN978-4-8062-0728-3 C0036